Viel Garten für wenig Geld

Viel Garten für wenig Geld

Angelika Throll (Hrsg.)

KOSMOS

115 Fotos von
Peter Beck, Stuttgart: 49 ore, 57, 58, 59, 61;
Jürgen Becker, Hilden: 36;
Herbert Bischof, Oberteuringen: 97;
Blattwerk: 86;
Bodo Butz, Offenburg: 26 o, 71, 73 (alle vier), 80 (alle vier);
Botanik-Bildarchiv Laux, Biberach/Riß: 50, 52, 87;
GartenBildagentur, Au/Hallertau: 15, 47 o, 63, 83;
Häberli, Obst- und Beerenzentrum AG, CH-Neukirch-Egnach: 94 o, 117 M;
copyright Inter IKEA Systems: 77;
Petra Jarosch, Lahr: 14, 41, 42, 43, 74, 81 o;
Roland Krieg, Offenburg: 78,79 (alle drei), 81 u;
Dirk Mann, Grünberg: 30, 48 ore, 49 uli, 94 u, 95, 101, 103, 104, 107, 109, 111, 113, 115;
Marion Nickig, Essen: 34;
Wolfgang Redeleit, Bienenbüttel: 21, 25, 27, 29, 31, 33, 46, 51, 64, 65, 69 ore, 82, 90;
Reinhard-Tierfoto, Heiligkreuzsteinach/Eiterbach: 16, 17 ure, 18, 19, 20, 24, 26 u, 35, 38, 39, 40, 44 oli, 45, 47 uli, 53, 55, 56, 69 uli, 92, 117 li, 117 re;
Friedrich Strauß, Au/Hallertau: 44 ure, 68, 69 ure, 91;
Alice Thinschmidt/Daniel Böswirth, Wien: 17 M li, 37, 48 uli, 66;
Angelika Throll-Keller, Stuttgart: 67 (alle vier).

31 Zeichnungen von **Horst Lünser**, Berlin.
Die Zeichnungen S. 75 unten rechts und S. 76 oben links entstanden nach Ideen von Heide Günther.

Umschlaggestaltung von eStudio Calamar, Spanien, unter Verwendung von zwei Fotos von Friedrich Strauß, Au/Hallertau. (Garten) und Christof Salata, Stuttgart (Münzen).

Bibliografische Informationen der Deutschen Bibliothek
Die Deutsche Bibliothek verzeichnet diese Publikation in der Deutschen Nationalbibliografie; detaillierte bibliografische Daten sind im Internet über http://dnb.ddb.de abrufbar.

Alle Angaben in diesem Buch sind sorgfältig geprüft und geben den neuesten Wissensstand bei der Veröffentlichung wieder. Da sich das Wissen aber laufend in rascher Folge weiterentwickelt und vergrößert, muss jeder Anwender prüfen, ob die Angaben nicht durch neuere Erkenntnisse überholt sind. Dazu muss er zum Beispiel Beipackzettel zu Dünge-, Pflanzenschutz- bzw. Pflanzenpflegemitteln lesen und genau befolgen sowie Gebrauchsanweisungen und Gesetze beachten.

Gedruckt auf chlorfrei gebleichtem Papier

ISBN 3-440-09687-4
Redaktion: Carolin Krank
Grundlayout: Melanie Göhler, Ralf Paucke
Produktion: Ralf Paucke
Satz: Melanie Göhler
Printed in Slovakia/Imprimé en Slovaquie

KOSMOS Postfach 10 60 11
D-70049 Stuttgart
TELEFON +49 (0)711-2191-0
FAX +49 (0)711-2191-422
WEB www.kosmos.de
E-MAIL info@kosmos.de

Vorwort

Jeder Hobbygärtner, der schon längere Zeit das Glück hat, einen eigenen Garten zu pflegen, weiß sicher auch, wie einfach man jede Menge Geld im Garten begraben kann.
Schnell hat man sein Monats-Budget überschritten und stellt später fest, dass man manche Pflanzen, Geräte oder Gartenmöbel gar nicht gebraucht oder irgendwo anders preiswerter bekommen hätte.

Mit diesem Buch wollen wir Ihnen helfen, teure Fehler im Garten zu vermeiden. Wir zeigen Ihnen, was Sie brauchen und worauf Sie erst einmal verzichten können. Viele handfeste Tipps verraten, wo Sie zum Nulltarif oder sehr preiswert Pflanzen, Gartenzubehör oder Garten-Kinderspielzeug finden können. Darüber hinaus stellen wir Ihnen originelle Ideen vor, die Sie einfach und preiswert nachmachen können.

Die Autoren

Angelika Throll-Keller ist Diplom-Gartenbauingenieurin und seit vielen Jahren Redaktionsleiterin des Gartenlektorates im KOSMOS-Verlag. Sie arbeitet seit über 18 Jahren mit Gartenbüchern und hat selbst vier Bücher geschrieben. Sie verfasste die Themen "Gartengrenzen", „Zäune und Mauern", „Hecken", „Kinderkram", „Eigenes Gemüse- und Kräuterbeet", „Wasserspaß und Spritzvergnügen", „Lagerbau und Beutezeug" sowie das Kapitel „Pflanzen".

Peter Beck verfasste die Themen „Viel Teich für wenig Geld" und „Ein Steingarten soll es sein". Er ist ein erfahrener Experte für den Bau und die Gestaltung von Wassergärten sowie die Anlage von Steingärten. Seine langjährige Erfahrung hat sich in zahlreichen Zeitschriftenartikeln und in seinen erfolgreichen Büchern niedergeschlagen. Er ist Autor zahlreicher Ratgeber im Wassergarten- und Steingartenbereich, Sachverständiger für Gartenteiche und Leiter der Fachgruppe Steingarten und alpine Stauden, Gruppe München, in der Gesellschaft der Staudenfreunde.

Ursula Braun-Bernhart, 1958 in Gengenbach/Baden geboren, ist Autorin der Themen „Kästen, Kübel und Töpfe braucht man immer", „Mobiliar für das kleine Budget" sowie „Pfiffige Deko-Ideen zum Nachmachen". Sie gehört seit 1983 der Redaktion von MEIN SCHÖNER GARTEN an und ist verantwortliche Redakteurin der Zeitschrift LISA-Blumen und Pflanzen. Seit über 20 Jahren ist sie als Journalistin und Autorin im Gartenbereich tätig.

Robert Koch, 1976 in Berlin geboren, verfasste das Kapitel „Vermehrung" sowie die Themen „Pflanzen für den Garten", „Sparen beim Pflanzenkauf" und „Pflanzenpflege – gesund und kostenlos". Nach seiner Ausbildung im Zierpflanzen- und Friedhofsgartenbau studierte er Gartenbau an der Fachhochschule Wiesbaden/Geisenheim. Während des Studiums arbeitete er in der Innenraumbegrünung und absolvierte verschiedene Praktika im Gemüse- und Obstbau. Seit November 2002 ist er im Gartenlektorat des KOSMOS-Verlages in Stuttgart tätig.

Dr. Folko Kullmann, 1972 in Stuttgart geboren, hat das Kapitel „Planung" sowie die Themen „Rasen", „Wege", „Terrassen und Sitzplätze", „Geräte und Werkzeug", „Erde und Kompost" und „Licht im Garten" verfasst. Er hat an der Technischen Universität München/Weihenstephan Gartenbauwis senschaften studiert und Praktika in Europas größter Baumschule und dem Botanischen Garten in London, Kew, absolviert. Anschließend war er am Lehrstuhl für Gemüsebau in Weihenstephan angestellt und hat promoviert. Seit 2002 arbeitet er im Gartenlektorat des KOSMOS-Verlages in Stuttgart.

VERMEHRUNG 84

PFLANZEN 98

PLANUNG

Gut geplant ist schon gespart

Ein attraktiver Garten ist der Traum vieler Menschen. Wer gerät beim Blättern durch Gartenbücher, Zeitschriften oder Gartenkataloge angesichts weitläufiger Anlagen und üppiger Pflanzenpracht nicht ins Schwärmen? Auf den ersten Blick mögen solche Gärten unerreichbar erscheinen, doch mit einer raffinierten Planung sowie ein paar Tricks bei Pflanzenwahl und Kauf ist ein eigenes kleines Gartenparadies für jeden realisierbar.

Wir zeigen Ihnen in den folgenden Kapiteln, wie Sie diesen Traum verwirklichen können, ohne auf andere Dinge verzichten zu müssen. Egal, ob Sie einen klassischen Rasen oder einen Garten für Kinder planen, eigenes Obst- und Gemüse anbauen wollen oder lieber eine sommerliche Blumenpracht bevorzugen – wir zeigen Ihnen, dass Ihr ganz persönlicher Traumgarten nicht teuer sein muss.

Ein Sitzplatz mit einer Bank macht aus einem kleinen Garten eine Oase der Ruhe und Entspannung.

„Sparen im Garten heißt vorausschauend planen, Anschaffungen auf das Notwendige beschränken und Folgekosten vermeiden."

Bevor es ans Planen und Einkaufen geht, sollten Sie eine Bestandsaufnahme machen. Denn um zu wissen, was man braucht, sollte man vorher einen Überblick über den „Status quo" im Garten haben. Eine triste Bauwüste um einen Neubau herum, ein eingewachsener Garten vom Vorbesitzer oder ein alter Garten, der etwas „aufgemöbelt" werden soll, sind schließlich recht unterschiedliche Ausgangspositionen. Anregungen für neue Gestaltungsideen finden Sie in Gartenzeitschriften, Büchern, die es übrigens auch in öffentlichen Büchereien gibt, und Gartenkatalogen. Auch das Internet kann so manchen Denkanstoß geben. Oder Sie gehen einfach mit offenen Augen durch die Nachbarschaft, nehmen Gärten von Freunden oder Verwandten unter die Lupe und besuchen Gartenausstellungen oder Botanische Gärten.

Bestandsaufnahme

- Grundstücksgrenzen
- Grundstückseinfassung (Hecken, Zäune)
- Zufahrt und Zugänge
- Wege
- Sitzplätze
- Rasen
- Bäume und Sträucher
- Beete
- Bodenart und -qualität
- Himmelsrichtungen
- Sonnen- und Schattenbereiche
- Vorherrschende Windrichtung
- Angrenzende Gebäude, landschaftliche Ausblicke
- Versorgungsleitungen
- Strom- und Wasseranschlüsse am Haus
- Störende Einflüsse (Verkehrslärm, Straßenlaternenlicht)

Diese Liste ist für spätere Planungen ungeheuer wichtig, weil sie Aufschluss darüber gibt, wo Sie Ihren Sitzplatz anlegen können, welche Pflanzen in Ihrem Garten am besten gedeihen (und welche nicht) oder welche Geräte sinnvoll und welche überflüssig sind.

Im Sommer bietet sich eine laue Sommernacht für ein Gartenfest an. Windlichter, Kerzen und Lichterketten, die es übrigens recht preiswert gibt, schaffen eine stimmungsvolle Atmosphäre.

Welcher Garten ist der Richtige?

Jetzt geht es aber erstmal daran, herauszufinden, welcher Gartentyp der richtige für Sie ist und wie Sie dadurch gleich unnötige Anschaffungen vermeiden können.

Wer nutzt den Garten?

- ☐ Erwachsene
- ☐ Kinder
- ☐ Haustiere

Wie möchten Sie Ihren Garten nutzen?

- ☐ Entspannen
- ☐ Feste feiern und Grillen
- ☐ Sonnenbaden
- ☐ Obst- und Gemüse anbauen
- ☐ Spielen

Welche Gestaltungselemente möchten Sie im Garten haben?

- ☐ Schattiger Sitzplatz
- ☐ Platz zum Entspannen und Sonnenbaden
- ☐ Spielgeräte und Sandkasten für Kinder
- ☐ Rasenfläche
- ☐ Gartenteich und Wasserspiele
- ☐ Steingarten
- ☐ Blumenbeete
- ☐ Pergola

Welche Einrichtungen brauchen Sie?

- ☐ Werkzeugschuppen
- ☐ Wäscheleine
- ☐ Platz für Mülleimer
- ☐ Parkplatz

Wenn Sie nun eine Vorstellung davon haben, welcher Garten der richtige für Sie ist, können Sie mit der Feinplanung beginnen. Wir haben für Sie eine Auswahl an Gestaltungselementen zusammen gestellt, die in einen bestimmten Garten gehören, die entbehrlich sind oder auf die Sie besser verzichten sollten.

Hohe Kosten verursachen:

- Empfindliche und pflegeintensive Pflanzen
- Englischer Rasen
- Wege und Sitzplätze mit Natursteinoberfläche
- Große Bäume
- Fertigteiche
- Motorbetriebene Gartengeräte

Zum Nulltarif: Kinderspielzeug aus dem Garten

unbedingt	vielleicht	entbehrlich	auf keinen Fall
Garten zum Entspannen			
schattige Sitzplätze	Hängematte	großzügige Sitzplätze	pflegeintensive Pflanzen
Platz zum Sonnenbaden	Gartenteich	große geschlossene Oberflächen	
Blumenrasen	Laube		
Sichtschutz	Gartenschmuck und Accessoires		
Garten zum Feste feiern			
großer Sitzplatz	Überdachung oder Pergola	zerbrechliche Gartenaccessoires	pflegeintensive Pflanzen
Möglichkeit zum Grillen	Sichtschutz		
Strom- und Wasseranschlüsse am Haus	Laube		
	Rasenfläche		
Familiengarten			
großer Sitzplatz	Gemüsebeet	aufwändige Rabatten	ungesicherter Gartenteich
Spielecken für Kinder	„Matschecke“		Giftpflanzen
Schaukel	Blumenwiese		
Sandkasten	Baumhaus		
robuster Rasen	Klettergerüste		
Haustiere im Garten			
robuster Rasen	gesicherter Gartenteich	Prachtstaudenbeet	Englischer Rasen
robuste Pflanzen	Kästen und Kübel	Steingarten	Giftpflanzen
Blumenrasen			Kompost mit Essensresten
sichere Zäune			zerbrechliche Gartenaccessoires

Spartipps

- Pflanzen Sie robuste und krankheitsresistente Pflanzen.
- Legen Sie statt einem Englischen Rasen einen Blumen- oder Sportrasen an.
- Wege und Sitzplätze mit Sand, Kies oder Rindenmulch sind billig und attraktiv.
- Pflanzen Sie kleine Bäume und robuste Sträucher.
- Wenn schon ein Teich, dann mit Folie statt einem Fertigbecken.
- Spezielle Gartengeräte sollten Sie ausleihen.

Auf kalkhaltigen Böden sind solch pächtige Rhododendren nur mit großem finanziellem Aufwand realisierbar.

Vorausschauend planen ...

... heißt sparen! Eine gründliche Planung beinhaltet auch die genaue Beachtung der örtlichen Gegebenheiten und Bodenarten. Der Garten ist ein vom Menschen geschaffenes und beeinflusstes Stück Natur. Ihm sind aber auch Grenzen gesetzt. Wer ein Grundstück besitzt, das nach Norden ausgerichtet ist und kühl und schattig liegt, wird mit Rosen keine Freude haben, genauso wie die Kultur von Rhododendron auf kalkhaltigen, schweren Böden nur mit aufwändigen Bodenverbesserungen zu bewältigen ist. Ein Blick über den Zaun in Nachbars Garten gibt den ersten Hinweis, was unter den vorgegebenen Standortbedingungen wächst – und was vor sich hin kümmert. Die richtige Wahl der geeigneten Pflanzen für Ihren Garten erspart viele Enttäuschungen – auch finanzieller Art!

Rechtliche Fragen

Je nachdem, ob Sie zur Miete wohnen oder ein Eigenheim besitzen, müssen Sie verschiedene Dinge bei der Planung beachten, die der Gesetzgeber oder die lokalen Behörden vorschreiben. Vielerorts sind Grenzabstände und die Höhe von Grundstücksbegrenzungen wie Mauern, Hecken oder Bäumen geregelt. Klären Sie dies vorher bei den zuständigen Behörden, damit Sie einen frisch gepflanzten Baum nicht nach einigen Jahren zurückschneiden oder entfernen müssen, weil er das Nachbargrundstück beschattet oder an einer Straße den Verkehr behindert. Auch Gartenbauwerke wie Schuppen, Lauben oder Pavillons bedürfen in einigen Gemeinden der Genehmigung. Je nach Region sind die unterschiedlichsten Behörden zuständig, ein Anruf bei der Stadt- oder Gemeindeverwaltung hilft weiter.

Wenn Sie Ihren Garten nur gepachtet haben, sollten Sie mit dem Grundstückseigentümer über größere Veränderungen, wie einen Gartenteich, sprechen, damit Ihnen teure, aber oft berechtigte Beseitigungsaktionen erspart bleiben. Prinzipiell gilt, dass ein Grundstück, genau wie eine Wohnung beim Auszug, in dem Zustand zurückgelassen werden muss, in dem es übernommen wurde. Umgekehrt gilt aber auch, dass alles, was Sie fest mit dem Grundstück verbinden – ob Wege, Terrassen oder Pflanzen, in den Besitz des Eigentümers übergeht.

Vielleicht ist der Vermieter ja auch bereit, sich an den Kosten für bestimmte Neu- oder Umgestaltungen zu beteiligen – eine schöne Terrasse, Pergola oder ein Gartenteich sind schließlich eine Bereicherung des Grundstücks und sorgen für eine Wertsteigerung.

Der ideale Ort zum Entspannen: eine Hängematte

Der Gartenumzug

Wer eine neue Wohnung oder ein Haus bezieht, nimmt normalerweise alles, was sich im Lauf der Zeit an Hausrat und Einrichtungsgegenständen angesammelt hat, in sein neues Heim mit. Warum sollte man das eigentlich nicht auch mit den Teilen des Gartens tun, die noch beweglich sind? Da sind zum Beispiel Pflanzen, die man geschenkt bekommen hat oder die einem besonders am Herzen liegen, vielleicht einige dekorative Steine oder sogar eine komplette Gartenbeleuchtung. Oder der alte Garten gibt ein paar Ableger und überzählige Pflanzen her, die im neuen Domizil als Pioniere dienen können. Vielleicht können Sie sogar komplette Bodenbeläge aufnehmen oder kleine Bäume und Sträucher ausgraben und im neuen Garten verwenden?

Als Pächter müssen Sie dies aber auf jeden Fall vorher mit dem Besitzer des Grundstücks besprechen. Wenn Sie selbst der Eigentümer sind, sollten Sie im Falle eines Grundstücksverkaufes etwaige Abmachungen mit dem Käufer beachten und eine Wertminderung auch in Betracht ziehen.

Die wichtigsten und häufigsten Gestaltungs- und Gartenelemente haben wir für Sie mit Tipps und Tricks zum Sparen zusammengestellt.

Mit einigen Holzplanken und Kies lässt sich eine einfache Treppe bauen.

Garten- und Gestaltungselemente

••• teuer •• preiswert • günstig

Begrenzungen	Oberflächen und Wege	Bepflanzung und Elemente
Maschenzaun •	Wiese •	Kräuterbeet •
Hecke ••	Trittplatten •	Sommerblumen ••
Lattenholzzaun ••	Sand und Kies •	Kästen und Kübel ••
Dichtzaun ••	Rindenmulch •	Naturteich ••
Mauer •••	Betonplatten •	Ziersträucher •/•••
Schmiedeeisen •••	Ziegel und Klinker •	Prachtstauden ••/•••
	Pflastersteine ••	Bäume ••/•••
	Holzdeck ••	Pergola ••/•••
	Rasen ••/•••	Goldfischteich •••
	Naturstein •••	Kräuterspirale •••

„Klären Sie mit Ihrem Vermieter vor dem Einzug, was mit den verschiedenen Dingen, die Sie in den Garten einbringen, nach Ihrem Auszug geschieht."

Begrenzungen

Muss das Grundstück eingezäunt oder begrenzt werden? Müssen Sie das übernehmen oder Ihr Nachbar? Tipps und Tricks, wie Sie bei Zäunen, Hecken und Mauern sparen können, stehen auf den Seiten 28 bis 33.

Wege

Wege sind im Garten unerlässlich, um alle Bereiche bequem erreichen zu können. Je nach Häufigkeit der Nutzung und Belastung können Sie günstige Materialen statt teurer permanenter Oberflächen verwenden. Hinweise und Tipps sind auf Seite 34/35 aufgelistet.

Terrassen und Sitzplätze

Ob ein Sitzplatz am Haus – vielleicht sogar überdacht oder eine ruhige Stelle im Garten zum Entspannen –, das Wichtigste zur Planung finden Sie auf Seite 36/37.

Rasen

Ein perfekter grüner Rasen kann schnell zur Kostenfalle werden. Wie Sie Ihren Geldbeutel schonen und trotzdem diesen Gartenklassiker richtig anlegen und pflegen, steht auf Seite 40/41.

Pflanzen

Ein Garten ohne Pflanzen wäre kein Garten. Aber man muss sich nicht in finanzielle Schwierigkeiten bringen, um günstig – oder sogar umsonst – an prächtige Blumen, Stauden, Sträucher und Bäume zu kommen. Was es mit Pflanzenbörsen, Messeverkäufen und Schnäppchenangeboten auf sich hat, können Sie ab Seite 42 nachlesen.

Pflanzenvermehrung

Selbst vermehrt ist schon gespart, könnte man meinen. Damit es sicher klappt und Sie mit Aussaat, Stecklingsvermehrung und Co. Erfolg haben, bekommen Sie vorher ab Seite 86 das nötige Handwerkszeug vermittelt.

Werkzeuge und Geräte

Kleine Schaufel oder großer Spaten? Elektrischer Rasenmäher oder doch ein handbetriebener Walzenmäher? Was Sie auf jeden Fall brauchen und was (unnötiger?) Luxus ist, steht im Kapitel „Geräte und Werkzeuge" auf den Seiten 24 bis 27.

Gartenteich

Eine plätschernde Oase im Garten, muss nicht teuer sein. Warum? Blättern Sie vor zu den Seiten 56 bis 59.

Kompost

Natürlicher Humus aus dem eigenen Haushalt und Garten statt Kunstdünger. Um zu erfahren, wie Sie mit Abfall (und seiner Vermeidung) bares Geld sparen können, müssen Sie die Seite 38/39 aufschlagen.

Ein Gartenteich ist immer ein bevorzugter Platz im Garten. Rechts im Vordergrund blühen Pfirsichblättrige Glockenblumen.

Die besten Spartipps im Überblick

Ein lauschiger Sitzplatz in einer ruhigen Gartenecke

Bevor es los geht: Zu diesen und vielen weiteren Themen haben wir die besten Spartipps für sie zusammengestellt.

1 Kassensturz
Vor der Planung oder dem Einkaufen sollten Sie festlegen, wie viel Sie für Ihren Garten ausgeben wollen. Führen Sie genau Buch, damit einzelne Dinge nicht zur Kostenfalle werden und Sie rechtzeitig die Notbremse ziehen können.

2 Einkaufsliste
Auch im Baumarkt oder Gartencenter sorgt eine genaue Einkaufsliste dafür, dass Sie nur kaufen, was Sie wirklich brauchen.

3 Vergleichen und Aufteilen
Nehmen Sie sich Zeit, informieren Sie sich vor dem Kauf, worauf es ankommt und vergleichen Sie die Preise verschiedener Gartencenter und Baumärkte. Hier helfen auch Bücher, Gartenzeitschriften, Herstellerkataloge und das Internet. Wer aus Bequemlichkeit alles bei einem Anbieter kauft, zahlt drauf!

4 Rabatte
Wenn Sie Ihre Einkäufe sammeln oder sich mit Nachbarn und Freunden zusammen tun, gibt es vielleicht einen hübschen Mengenrabatt.

5 Auch mal nach unten schauen
Preiswertere Waren stehen oft unten im Regal, hochpreisiges in Augenhöhe. Und Ladenhüter, die es vielleicht gar nicht verdient haben, findet man in einer versteckten Ecke.

6 Mittags auf dem Wochenmarkt
Viele Händler wollen ihre Restposten und übrig gebliebene Ware noch an den Mann oder die Frau bringen – viel billiger als noch am Morgen!

7 Zum Saisonhöhepunkt
Jetzt sind viele Waren schon billiger. Wer die ersten Tulpen haben will, zahlt mehr als der Geduldige, der noch zwei Wochen warten kann.

8 Kaufen Sie antizyklisch
Zum Saisonende müssen viele Händler ihre Sortimente loswerden, um Platz für neue Waren zu schaffen. Kübelpflanzen sind ab September oder Oktober oft schon zu einem Drittel des alten Preises zu haben.

9 Direkt vom Gärtner
Hier gibt's so manches Schnäppchen oder übrig gebliebenes Stück billiger als im Gartencenter.

10 Bei Online-Auktionen
Zum Beispiel bei ebay.de können Sie so manches Schnäppchen machen oder eigenes, nicht mehr gebrauchtes Zubehör sowie Pflanzen verkaufen.

11 Tauschbörsen
Im Internet oder auf speziellen Gartenmärkten gibt es Tauschbörsen für Pflanzen. Die genauen Adressen stehen auf Seite 118.

12 Jeder fängt mal klein an

Und aus diesem Grund sind Jungpflanzen billiger als ausgewachsene Schaupflanzen.

13 Ausstellungsstücke und Auslaufmodelle

Ihnen macht es nichts aus, wenn auf Ihren Gartenstühlen schon jemand gesessen hat? Vor allem bei Gartenmöbeln können Sie deutliche Rabatte bekommen, wenn Sie eine Garnitur von der Ausstellungsfläche oder einer Messe kaufen. Fragen Sie im Laden auch gezielt nach Vorläufermodellen, von denen vielleicht noch das eine oder andere im Lager ist und raus muss – billiger natürlich.

14 No-Name-Produkte

No-Name-Produkte gibt's auch im Gartenfachhandel. Viele Hersteller haben zusätzlich zu ihrer Premium-Linie dasselbe Produkt in einer Billig-Version im Angebot, oftmals speziell für eine Garten- oder Baumarkt-Kette.

15 Die Qualität von Produkten

Von der Stiftung Warentest wird die Qualität der verschiedensten Produkte regelmäßig unabhängig geprüft.
Unter www.stiftung-warentest.de oder in den entsprechenden Sonderheften (Zeitschriftenhandel) finden Sie die gewünschten Informationen.

Gesundes und frisches Gemüse aus dem eigenen Gemüsegarten ist einfach durch nichts zu ersetzen und kann viel Geld sparen.

SPAREN IM GARTEN

Geräte und Werkzeug

Kein Gärtner und kein Garten kommt auf Dauer ohne eine gewisse Grundausstattung an verschiedenen Werkzeugen aus. Bäume und Sträucher müssen geschnitten, der Rasen gemäht und Beete gehackt oder umgegraben werden.
Gartenarbeit muss nicht immer lästig sein, macht aber nur mit den richtigen und geeigneten Geräten und Werkzeugen Freude. Bei der Fülle faszinierender Gerätschaften, die das Gartencenter- und Baumarktsortiment beinhaltet, fällt es nicht immer leicht, die richtige Ausstattung zusammenzustellen, und keine unnötigen Anschaffungen zu tätigen.

Auf die Auswahl kommt es an

Bei Gartengeräten ist Sparen eine zweischneidige Sache. Viele Geräte gibt es in Billigversionen oder in teuren, qualitativ hochwertigen Ausführungen. Manche Geräte werden nur selten oder für sehr spezielle Arbeiten benötigt. Maßgeblich für die Entscheidung sollten die Begebenheiten im eigenen Garten und die voraussichtliche Nutzungshäufigkeit sein. Ein guter Spaten oder eine hochwertige Rosenschere halten ein Leben lang – wer diese Geräte häufiger braucht, sollte in diesem Punkt nicht sparen. Andere Geräte, die seltener benötigt und nicht so stark beansprucht werden, kann man dafür preiswerter erstehen.
Geräte mit Wechselstiel sind für Werkzeuge sinnvoll, die Sie selten benötigen. Bei regelmäßiger Nutzung wird dieses Stecksystem schnell lästig.
Lassen Sie sich nicht von der Fülle verschiedener Geräte verführen, die angeboten werden. Bevor Sie einkaufen gehen, machen Sie sich eine genaue Liste, was sie brauchen und was nicht! Und halten Sie sich daran!

„Eine kleine Handschaufel kann einen Zwiebelpflanzer oder einen Unkrautstecher ersetzen."

Tipp

Sie sind Linkshänder? Achten Sie beim Kauf auf spezielle Geräte für Linkshänder, die die Arbeit erleichtern und Gelenke und Sehnen schonen.

Spartipps

1 Für den Anfang reicht eine minimale Grundausstattung.

2 Alte Kleidung eignet sich prima für die Gartenarbeit.

3 Wählen Sie die richtigen Schneidwerkzeuge.

4 Zur Bodenbearbeitung reichen ein paar Geräte.

5 Beschränken Sie sich bei Leitern und Gießgeräten.

6 Motorbetriebene Geräte sind nicht immer nötig.

7 Spezialgeräte sollten Sie ausleihen statt kaufen.

8 Achten Sie auf Qualität oder Preis.

9 Die richtige Pflege und Aufbewahrung lässt Geräte länger leben.

Verschiedene Schneidwerkzeuge: für jeden Schnitt das richtige Werkzeug – überlegen Sie sich gut, welches Sie benötigen.

So funktioniert's

1 Die Grundausstattung: mehr muss nicht sein

Je nachdem, wie der Garten genutzt wird, brauchen Sie bestimmte Geräte und können wiederum auf andere verzichten. Wer kein Gemüsebeet hat, braucht kein Profi-Sortiment an Bodenbearbeitungsgeräten und wer keinen Rasen hat, braucht keinen Laubrechen. Ein Blumengarten, eine Rasenfläche, eine Hecke an der Grundstücksgrenze oder ein Obstgarten – für jeden Gartenteil braucht man bestimmte Geräte und manche auch nicht! Danach sollte sich Ihre Auswahl beim Kauf richten.

2 Kleidung

Eigentlich benötigt man kaum spezielle Kleidungsstücke für der Garten. Alte ausgediente Hosen, Hemden oder Pullover sind in jedem Haushalt zu finden. Lediglich eine Schürze kann von Vorteil sein und auf richtige Handschuhe sollten Sie auf keinen Fall verzichten – Ihre Hände werden es Ihnen danken. Und natürlich ein paar alte Schuhe und Gummistiefel, in Sandalen lässt sich das Gemüsebeet nicht besonders gut umgraben.

Gartengeräte

auf alle Fälle	bei Bedarf	nicht unbedingt nötig
Gartenschlauch	Rasenmäher	Kultivator
Gießkanne	Schubkarre	Rasen-Vertikutierer
Gartenschere	Heckenschere	Laubsauger
Grabegabel	Grubber	Elektrische Heckenschere
Spaten	Astsäge	Motorsäge
Handschaufel	Leiter	Rasenkantenschneider
Hacke	Knieschoner	
Besen	Schürze	
Handschuhe	Häcksler	
Gartenmesser		
Eimer		

3 Schneiden und Sägen

Rosen, Ziersträucher, Hecken und Bäume müssen im Garten mehr oder weniger regelmäßig geschnitten werden. Eine Astsäge – es gibt auch Modelle, die auf einen Stiel gesteckt werden können – sowie eine gute Rosenschere und eine Astschere mit Amboss gehören zur Grundausstattung. Wenn Sie sich für eine Bügelsäge entscheiden, achten Sie auf nachspannbare und drehbare Sägeblätter. Eine Motorsäge ist nur in den wenigsten Fällen angebracht und der Gebrauch auch nicht überall und für jeden erlaubt.

Mit einem Sauzahn lockert man den Boden (links), ein Rechen hilft beim Glätten des Bodens (Mitte) und einen Fächerbesen benötigt man, um Laub zusammenzurechen (rechts).

4 Boden bearbeiten

Zur Bodenbearbeitung benötigen Sie einen Spaten, bei lehmigen oder anderen schweren Böden ist eine Grabegabel besser geeignet. Ferner brauchen Sie eine Hacke oder einen Sauzahn – mehr nicht!

Bei der großen Auswahl an unterschiedlichen Gießkannen ist für jeden Geldbeutel und jeden Garten etwas dabei.

5 Leitern und Gießgeräte

Bei Leitern ist eine Sicherheitszertifizierung (das GS/TÜV-Siegel) wichtig. Denken Sie daran, dass eine große Leiter auch gelagert werden muss – hat ihr Nachbar vielleicht schon eine, die Sie sich bei Bedarf ausleihen könnten? Eine Gießkanne (mit Brausekopf) darf in keinem Garten fehlen. Sehr hilfreich ist ein Schlauch mit einer normalen verstellbaren Düse. Ein Brausekopf mit Gießstab ist auch nützlich.

Beinahe schon Gartenschmuck: alte Gartengeräte vom Flohmarkt

Tipp

Ein altes Küchenmesser im Garten kann viele Spezialgeräte ersetzen. Damit können Sie Unkraut ausstechen, Plattenfugen auskratzen, Verblühtes entfernen und andere Geräte reinigen.

6 Motorgeräte

Die Entscheidung für ein motor- oder handbetriebenes Gerät hängt von der Häufigkeit des Einsatzes und der Menge der anfallenden Arbeiten ab. Für eine Rasenfläche von 25 m^2 benötigen Sie keinen Elektromäher, ein einfacher handbetriebener Walzenmäher ist in diesem Fall ausreichend. Dasselbe gilt für Heckenscheren oder Motorsensen. Auf Seite 41 finden Sie eine Übersicht über die verschiedenen Rasenmähertypen als Entscheidungshilfe. Bevor Sie sich ein elektrisches oder mit Benzin betriebenes Arbeitsgerät anschaffen, sollten Sie in Erfahrung bringen, ob es in Ihrer Gemeinde überhaupt betrieben werden darf. Schon mancher musste seinen teuer erworbenen Laubsauger oder Häcksler wieder abschaffen, weil die örtlichen Lärmschutzbestimmungen einen Einsatz nur zu Zeiten zuließen, in denen man üblicherweise nicht im Garten arbeiten kann.

Wenn Ihre Entscheidung doch auf ein solches Gerät gefallen ist, so sollten Sie sich bei den Herstellern nach Messe- oder Vorführmodellen erkundigen – diese werden manchmal günstiger angeboten, haben dann allerdings auch nicht immer die volle Garantie.

„Denken Sie daran, dass bei vielen Motorgeräten eine Schutzkleidung wie Ohrenschutz, Schuhe mit Stahlkappen oder Schutzbrillen vorgeschrieben sind, die zusätzliches Geld kosten!“

Sauerstoff und Luftfeuchtigkeit greifen die offenen Metallflächen der Gartengeräte an. Fetten Sie sie zum Schutz gründlich ein.

7 Ausleihen und Teilen

Bei größeren und selten benutzten Gartengeräten, wie zum Beispiel Häckslern oder Motorsensen, sollten Sie sich vor einer Anschaffung überlegen, ob Sie sie wirklich brauchen und einen geeigneten Lagerplatz haben. Regelmäßige Wartungs- und Reparaturarbeiten belasten den Geldbeutel zusätzlich. Wer sich gut mit seinen Nachbarn versteht, sollte eine gemeinsame Anschaffung ins Auge fassen. So kann man sich die Kosten, Wartung und die Unterbringung teilen.

Tipp

Rosen- und Baumscheren sollten nach jedem Gebrauch von Schmutz und Harz gereinigt und eingefettet werden. Das erhöht die Lebensdauer.

8 Qualität und Preis

Qualität hat ihren Preis und diese Tatsache sollte bei der Geräteanschaffung immer beachtet werden. Eine Billigschere kann ausreichen, wenn nur wenige Sträucher und Bäume im Garten gepflegt werden oder von Zeit zu Zeit in Form gebracht werden müssen. Bei häufigerer Anwendung lohnt sich aber die Überlegung, ein augenscheinlich teureres Profi-Gerät anzuschaffen. Es gibt Geräte mit Rollgriff, die Kraft sparen und Blasen und Druckstellen verhindern oder spezielle Modelle für Linkshänder, die die Anwendung erleichtern. Auch die Beschaffung von Ersatzteilen ist bei Qualitätsgeräten einfacher. Wichtig ist, beim Kauf auf bestimmte Qualitätskriterien zu achten. Scheren sollten zerlegbar sein, Spaten aus Stahl geschmiedet oder Sägen mit nachspannbaren und austauschbaren Sägeblättern versehen sein.

9 Aufbewahrung und Pflege

Auch wenn man von der Gartenarbeit schon müde ist, sollte man die Werkzeuge immer reinigen und sauber aufbewahren. So hat man länger Freude an ihnen. Der Platz zur Aufbewahrung sollte trocken und luftig sein, damit feuchte Geräte oder Stiele schnell trocknen können und nicht faulen oder rosten. Gartenscheren müssen regelmäßig gereinigt und eingefettet werden und wer seinen Spaten nach jeder Arbeit abwischt und trocken reibt, verhindert Rost. In der kalten Jahreszeit bietet es sich an, alle Gartengeräte ordentlich zu reinigen, zu warten und die Metallteile zu fetten.

Tipp

Auf Flohmärkten findet man nicht selten gebrauchte Gartengeräte, die nicht nur billig, sondern auch noch schön nostalgisch aussehen.

Gartengrenzen

Die meisten Gärten sind von Zäunen, Hecken oder Mauern begrenzt. Die Bewohner schützen ihren privaten Bereich so vor neugierigen Blicken und unerwünschten Besuchern.
Zur Straße hin ist eine Begrenzung meist wichtiger als zwischen aneinander grenzenden Gärten. Oft einigen sich Nachbarn sogar den Zaun zwischen ihren Gärten zumindest eine Zeitlang zu entfernen, wenn sie für ihre Kindern einen größeren Platz zum Spielen und Toben schaffen wollen. Das macht auch Sinn, besonders bei den heutigen kleinen Gärten in Neubausiedlungen.

Entfernt man den Zaun zur Straße hin, was übrigens nicht immer erlaubt ist, muss man mit unerwünschtem Besuch rechnen, besonders mit den Hunden des gesamten Viertels, so sie sich nicht an der Leine befinden. Die Hinterlassenschaften dieser zweifelsohne netten Tiere sind auf Ihrem Rasen jedoch mehr als ärgerlich.
Auch im Hinblick auf Kinder kann es eventuell Probleme geben. Man kann nie sicher sein, wie sich ein Hund in Stresssituationen verhalten wird. Selbst der zahmste Hund bleibt eben doch ein Hund.

Spartipps

1 Auf Qualität bei Zäunen achten

2 Preise vergleichen

3 Heckenpflanzen richtig auswählen

4 Heckenpflanzen preiswert einkaufen

5 Hecken gut pflegen

Rechtliches

Wer zahlt den Zaun zum Nachbarn und wie hoch darf er sein?
Diese Fragen sind nicht allgemein zu beantworten. Es hängt von verschiedenen Faktoren ab, zum Beispiel Nachbarschaftsrecht, Bebauungsplan und eventuell sogar vom Landschaftsrecht. Jedes Bundesland hat verschiedene Regelungen. Außerdem können Vereinbarungen, zum Beispiel in Siedlungen, eine Rolle spielen. Oft darf eine bestimmte Höhe des Zaunes oder der Hecke nicht überschritten werden, damit der Nachbar, zum Beispiel durch Schattenwurf, nicht beeinträchtigt wird.
Rufen Sie beim Baurechtsamt Ihrer Stadt an. Hier bekommen Sie Auskunft über die rechtliche Situation in Ihrem Umkreis. Und so trivial es klingt, sprechen Sie mit Ihren Nachbarn und finden Sie eine gemeinsame Lösung. Das ist immer der preiswerteste und beste Weg.

So funktioniert's

1 Auf Qualität bei Zäunen achten

Für die Haltbarkeit ist die Qualität ausschlaggebend. Nicht imprägnierte Weichholzzäune zum Beispiel halten kürzer als Hartholzzäune (Hartholzzäune werden generell nicht imprägniert). Imprägnierte Weichholzzäune halten bei guter Imprägnierung mindestens genauso lange. Die Qualität kann man nicht sehen, erkennen kann man sie jedoch daran, wie lange der Hersteller Garantie gewährt – übrigens auch für die Pfosten, die ohne zusätzlichen Schutz in den Boden kommen. Fragen Sie nach einer Haltbarkeitsgarantie!
Falls man farbige Zäune haben möchte, kann man das Holz anmalen, was billiger ist, als bereits gestrichene zu kaufen. Alle zwei bis drei Jahre wird neu gestrichen, was nur optische Gründe hat, das Holz wird dadurch nicht haltbarer. Bitte nicht jede Farbe verwenden. Es gibt spezielle Zaunfarbe im Fachhandel (dort nachfragen).
Nicht imprägniertes Holz verrottet schneller, was bedeutet, das man erneut vor der gleichen Anschaffung steht. Falls Sie in Holzsägewerken preiswert oder umsonst an Latten herankommen und daraus einen Zaun bauen wollen, geht das selbstverständlich. Aber die Haltbarkeit, selbst bei gutem Anstrich, ist begrenzt und die Latten müssen öfter ersetzt werden.

2 Preise vergleichen

Zäune, Mauern oder Hecken kosten viel Geld. Daher ist eine gute Planung wichtig, um das preiswerteste Angebot zu finden. Vergleichen Sie Katalog-Angebote miteinander. Besuchen Sie die Gartencenter und Baumschulen in Ihrer Nähe, vergleichen Sie und verhandeln Sie gegebenenfalls über den Preis, besonders, wenn viele Pflanzen gebraucht werden. Vielleicht kaufen Sie mit Ihren Nachbarn zusammen ein, dann wird es unter Umständen noch billiger. So können Sie ein Fünftel bis ein Viertel des Gesamtpreises einsparen. Beachten Sie auch die Hinweise auf den Seiten 46 bis 49.

3 Heckenpflanzen richtig auswählen

Haben Sie sich für eine Hecke als Begrenzung entschieden, ist es sehr wichtig, dass Sie die richtigen Pflanzenarten für Ihr Grundstück auswählen. Gehölze für sonnige Lagen wollen eben kein Schattendasein führen. Im schlimmsten Fall gehen sie ein – und dann hat man die Ausgaben noch einmal.
Der Boden ist sehr wichtig. Meistens haben nur alteingewachsene Gärten einen guten Gartenboden und selbst die nicht immer. Deshalb ist es am besten, wenn Sie Ihren Boden vor der Pflanzung mit Komposterde verbessern. Umsonst gibt es den von Freunden oder Nachbarn (siehe auch Seiten 38/39). Bei sehr schwerem, verdichtetem Boden muss gegebenenfalls Sand untergemischt werden.
Beachten Sie auch die Wüchsigkeit der Pflanzen (siehe dazu die Tabelle auf Seite 32). Schnell wachsende Gehölze sorgen für einen raschen Sicht- und Lärmschutz, müssen aber auch öfter geschnitten werden und das bedeutet wiederum mehr Zeit investieren zu müssen.

4 Heckenpflanzen preiswert einkaufen

Wie Sie möglicherweise kostenlos an Pflanzen kommen können, steht auf den Seiten 42 bis 45.
Wenn Sie sie kaufen, können Sie prinzipiell zwischen wurzelnackten Gehölzen und Ballen- beziehungsweise Containerpflanzen wählen. Wurzelnackte Pflanzen, also Gehölze, bei denen man die nackten Wurzeln sieht, sind deutlich preiswerter (zwischen 30 und 70 %). Diese Pflanzen gibt es direkt bei Baumschulen im Herbst und Frühling. Wichtig ist es, dass die Pflanzen bei Ihnen schnell in den Boden kommen. Am besten vorher wässern – und auch nach dem Einpflanzen immer gut gießen. Wurzelnackte Ware hat das höchste Anwachsrisiko, aber sehr groß ist es trotzdem nicht. Pflanzen im Container oder mit Ballen (im Ballentuch) wachsen in den allermeisten Fällen gut an. Wichtig: Ballentuch aufschneiden, damit sich die Wurzeln ausbreiten können. Tut man das nicht, kümmern die Pflanzen nach einiger Zeit und wollen nicht so recht wachsen. Auch hier gilt: Gießen nicht vergessen.
Je älter und größer eine Heckenpflanze ist, desto teurer ist sie auch. Größere bieten zwar einen schnelleren Sichtschutz. Kleinere reichen meist aber gut aus und falls doch einmal eine Pflanze eingeht, ist der Verlust nicht so groß. Wenn Sie nicht so lange warten wollen und sich für kleine Pflanzen entschieden haben, dann wählen Sie schnellwüchsige Pflanzenarten. So wird Ihr lebendiger Zaun auch schnell dicht.
Es gibt teurere und preiswertere Heckenpflanzen-Arten. Die Auswahl bleibt letztendlich Ihnen überlassen. Die teureren Arten sind jedoch nicht zwangsläufig die besseren. Der Preis hängt von vielen Faktoren ab, zum Beispiel wie aufwändig die Pflege in der Baumschule war oder wie oft das Gehölz dort verkauft wird.

Hecken können ein Grundstück stark und eindrucksvoll gliedern. Achtung: Sehr hohe Hecken sind nur mit einen bestimmten Grenzabstand zum Nachbarn erlaubt.

5 Heckenpflanzen gut pflegen

Den Pflanzen angepasstes Gießen und Düngen ist wichtig. Besonders immergrüne Hecken müssen vor dem Winter noch einmal durchdringend gegossen werden. Wiederholen Sie das gegebenenfalls an frostfreien Tagen während der kalten Jahreszeit. Tut man das nicht, können die Pflanzen vertrocknen. Mulchen Sie mit gehäckseltem Holzschnitt, das hält die Feuchtigkeit und verhindert den Unkrautwuchs. Schnitthecken werden ein- bis zweimal pro Jahr geschnitten, freiwachsende Blütenhecken nur hin und wieder ausgelichtet.

Zäune und Mauern

In Gartencentern, Fachgeschäften und Katalogen finden Sie jede Menge verschiedener Zäune in den unterschiedlichsten Mustern, Farben und Qualitäten. Der Zaun sollte zu Haus und Straße passen. Je nach Zauntyp und Höhe lassen Sie mehr oder wenige neugierige Blicke der Spaziergänger zu.

Sehr auffällige Begrenzungen, zum Beispiel himmelblaue Lattenzäune, vielleicht noch in Kombination mit gleichfarbigen Fensterläden oder Haustüren, können sehr interessant wirken, sie ziehen jedoch die Blicke auf sich und wahrscheinlich wird jeder Fußgänger versuchen, einen Blick in Ihren Garten zu werfen. Das darf Sie dann nicht stören.

Holzzäune lassen sich immer wieder einmal in einer anderen Farbe anstreichen, falls man hier eine Abwechslung wünscht. Mit Maschendrahtzäunen kann man das nicht machen. Jedoch bewachsen einjährige Kletterpflanzen diese Drahtzäune schnell und vollständig und können mit ihren schönen Blüten richtige Blickpunkte ins Straßeneinerlei bringen.

Die Schwarzäugige Susanne, eine wunderschöne Kletterpflanze, die rasch jeden Maschendrahtzaun verdeckt.

Entscheidungshilfe für die richtige Begrenzung

Begrenzung	Vorteile	Nachteile
Schnitthecke	– dämpft Lärm – natürliches Aussehen – Lebensraum für Tiere – lässt Tierwanderungen zu	– teurer als Zaun – macht Arbeit – braucht einige Jahre, bevor sie kompletten Schutz bietet
Freiwachsende Blütenhecke	– dämpft Lärm – natürliches Aussehen – Blütenpracht – viel Lebensraum und Winterfutter für Tiere – lässt Tierwanderungen zu	– teurer als Zaun – braucht viel Platz – Pflegearbeit nötig – braucht einige Jahre, bevor sie kompletten Schutz bietet – nur für große Gärten
Holzzaun	– bietet sofortigen Schutz – natürliches Aussehen möglich – nach Geschmack in Farbe und Form wählbar	– muss hin und wieder erneuert werden – Dichtzaun lässt keine Tierwanderungen zu
Drahtzaun	– preiswert – bietet sofortigen Schutz – kann mit Kletterpflanzen schön gestaltet werden – so gut wie keine Pflegearbeiten nötig	– kann unattraktiv und langweilig sein – muss hin und wieder erneuert werden – lässt Tierwanderungen oft nicht zu
Metallzaun	– bietet sofortigen Schutz – natürliches Aussehen möglich – nach Geschmack in Farbe und Form wählbar	– kann teuer sein – Pflegearbeit, gelegentlich streichen
Mauer	– bietet sofortigen und kompletten Schutz – sehr haltbar	– teuer, Selbstaufbau oft nicht möglich – kann im Straßenbild unschön wirken – Pflegearbeit nötig (streichen) – lässt keine Tierwanderungen zu

Welcher Zaun für mich?

Typ	Gestaltung	Preis	Haltbarkeit	Sichtschutz	Tipps
Maschendrahtzaun	einheitlich	preiswerteste Lösung	gut	nein	mit einjährigen Pflanzen bewachsen lassen, sieht sehr schön aus und jedes Jahr können andere Pflanzen gewählt werden
mit senkrechten Latten (mit Zwischenraum), Jägerzäune	nach eigenem Geschmack möglich	preiswert	gut bei guter Imprägnierung, schlecht bei keiner oder schlechter Imprägnierung	nein	gehen Sie in verschiedene Geschäfte und vergleichen Sie auch die Katalogpreise, große Unterschiede möglich
Dichtzäune aus Holzplatten, Schilfrohrmatten	nach eigenem Geschmack möglich	mittel	gut	ja	Farbe so wählen, dass sich der Zaun in die Umgebung einfügt
Mauer	nach eigenem Geschmack möglich	teuer	sehr gut	ja	kann sehr unfreundlich und abweisend wirken, daher Farbe und Material der Umgebung anpassen

Einjährige Kletterpflanzen

Botanischer Name **(Deutscher Name)**	**Blüte**
Cardiospermum halicacabum (Ballonpflanze, Herzsame)	grünlichweiß
Cobaea scandens (Glockenrebe)	purpur, bläulich-violett, weiß
Convolvulus sabatius (Blaue Mauritius, Winde)	blassblau bis tiefblau
Eccremocarpus scaber (Schönranke)	orangerot
Ipomoea tricolor (Prunkwinde)	leuchtend himmelblau bis purpurblau
Lathyrus odoratus (Duftwicke)	vielfarbig
Thunbergia alata (Schwarzäugige Susanne)	orangegelb mit dunkelbrauner Mitte
Tropaeolum majus (Große Kapuzinerkresse)	gelb, orange, rot

Zaunpflege

Die meisten Zäune brauchen keine Pflege, es sei denn aus optischen Gründen (streichen, säubern). Kontrollieren Sie jedes Jahr Ihre Zäune und bessern Sie sie gegebenenfalls aus.

Haltbarkeit von Holzzäunen

Man kann Holzpfähle direkt in die Erde schlagen. Manche Hersteller geben sogar eine jahrelange Garantie auf ihre Pfosten. Unimprägnierte Posten oder solche mit schlechter Imprägnierung sollten nicht direkt in die Erde geschlagen werden, weil sie so relativ schnell verrotten. Sie kommen in einen Pfostenträger. Einfacher sind Einschlagbodenhülsen, Manche Zaunexperten halten sie für eine schlechte Alternative. Sie haben jedoch den großen Vorteil, dass sie einfach zu handhaben sind und man muss nicht aufwändig mit Beton und sonstigem herumhantieren. Einschlagbodenhülsen sind eine Art Metallschuh, in die der Holzpfahl eingesteckt wird. Sie werden in den Boden gehämmert. Beim Einschlagen passiert es leider immer einmal, dass sie verbiegen, wenn sie auf einen Stein treffen. Fürs Einhämmern werden Einschlaghilfen aus Plastik angeboten. Die muss man nicht kaufen! Den gleichen Zweck erfüllt ein kurzes, passendes Holzstück.

Ein wunderschöner, selbst gebauter Zaun. Er gibt dem Anwesen eine individuelle Note. Da er nicht imprägniert ist, wird man allerdings bald einzelne Elemente austauschen müssen.

Hecken

Hecken kann man auch als lebendige Gartenzäune bezeichnen. Sie dämpfen den Schall, wirken natürlich, bieten Tieren Nahrung und filtern den Schmutz, der von der Straße kommt. Wir unterscheiden grundsätzlich zwischen Schnitthecken, die ein- bis zweimal im Jahr geschnitten werden, und freiwachsenden Blütenhecken, die keinen Schnitt brauchen, von gelegentlichem Auslichten abgesehen.

Je schneller die Gehölze wachsen, desto öfter muss geschnitten werden. Beachten Sie das bei der Auswahl. Die Tabelle unten hilft dabei. Soll die Hecke sommers und winters vor Blicken schützen, müssen Sie immergrüne Pflanzen auswählen. Die Kosten für eine Hecke dürfen Sie nicht unterschätzen, allerdings ist es eine Anschaffung fürs Leben. Der Anschaffungspreis sollte daher auf die Lebensdauer umgerechnet werden. Zu den Kosten lesen Sie bitte auf Seite 29 die Punkte 3, 4 und 5.

Grüne Schnitthecken brauchen wesentlich weniger Platz als freiwachsende Hecken, bilden einen ruhigen Hintergrund und strukturieren den Garten - eine grüne Kulisse sozusagen vor der sich allerlei Buntes ungeniert tummeln kann.

Gehölze für Schnitthecken

Botanischer Name **(Deutscher Name)**	**Laub**	**Wuchs-geschwindigkeit**	**Standort**	**Boden**	**Nährstoffbedarf Wasserbedarf**
Acer campestre (Feldahorn)	sommergrün	mittel	sonnig bis halbschattig	durchlässig, sandig-lehmig	mittel bis hoch schwach bis mittel
Berberis thunbergii (Berberitze, Grüne Heckenberberitze)	sommergrün	schwach bis mittel	sonnig bis halbschattig	durchlässig	ausgeglichen schwach bis mittel
Carpinus betulus (Hainbuche, Weißbuche)	sommergrün	schnell	sonnig bis schattig	durchlässig,	ausgeglichen ausgeglichen
Chamaecyparis lawsoniana (Scheinzypresse)	immergrün	schnell	sonnig bis halbschattig	durchlässig, sandig-lehmig	ausgeglichen mittel bis hoch
Fagus sylvatica (Rotbuche)	sommergrün	schnell	sonnig bis schattig	sandig-lehmig, lehmig	mittel bis hoch mittel bis hoch
Ligustrum vulgare (Gewöhnlicher Liguster, Rainweide)	sommergrün	schnell	sonnig bis halbschattig	anspruchslos	ausgeglichen schwach bis mittel
Potentilla fruticosa (Fünffingerstrauch)	sommergrün	mittel	sonnig bis halbschattig	durchlässig	schwach bis mittel schwach bis mittel
Prunus laurocerasus (Immergrüne Lorbeerkirsche, Kirschlorbeer)	immergrün	schnell	sonnig bis schattig	durchlässig	mittel bis hoch ausgeglichen
Pyracantha coccinea (Feuerdorn)	sommergrün	mittel	sonnig bis halbschattig	durchlässig, sandig-lehmig	mittel bis hoch schwach bis mittel
Spirea x bumalda (Rote Sommerspiere)	sommergrün	schwach bis mittel	sonnig bis halbschattig	anspruchslos	ausgeglichen ausgeglichen
Taxus baccata (Europäische Eibe)	immergrün	langsam	sonnig bis schattig	sandig-lehmig, lehmig	ausgeglichen ausgeglichen
Thuja occidentalis (Abendländischer Lebensbaum)	immergrün	mittel	sonnig bis halbschattig	durchlässig	mittel bis hoch ausgeglichen

Freiwachsende Blütenhecken brauchen viel Platz. Für kleine Gärten sind sie daher nicht geeignet. Die Gehölze können Sie so auswählen, dass sich alle Blüten wie ein Paukenschlag auf einmal öffnen oder in jedem Monat eine andere Farbe den Hintergrund ihres Garten bildet. Frucht tragende Gehölze locken verschiedene Tiere in den Garten.

Gehölze für freiwachsende Blütenhecken

Botanischer Name (Deutscher Name)	Blütezeit	Blütezeit	Standort	Boden
Buddleja x Davidii (Schmetterlingsstrauch)	Juli bis Oktober	purpurrosa bis purpurviolett, weiß	sonnig	durchlässig
Cornus alba (Weißer Hartriegel)	Mai bis Juni	weiß	sonnig bis halbschattig	durchlässig
Cornus mas (Kornelkirsche)	März bis April	gelblich	sonnig bis halbschattig	anspruchslos, durchlässig
Cornus sanguinea (Roter Hartriegel)	Mai bis Juni	cremeweiß	sonnig bis halbschattig	anspruchslos, durchlässig
Forsythia x intermedia (Forsythie, Goldglöckchen)	April bis Mai	leuchtend gelb bis goldgelb	sonnig bis halbschattig	anspruchslos
Kerria japonica (Kerrie, Ranunkelstrauch)	April bis Mai	leuchtend gelb bis goldgelb	sonnig bis schattig	durchlässig
Kolkwitzia amabilis (Kolkwitzie)	Mai bis Juni	rosa bis hellrosa	sonnig bis halbschattig	anspruchslos
Rosa rugosa (Apfelrose, Kartoffelrose)	Juni bis September	karminrot bis rosa	sonnig bis halbschattig	sandig-lehmig, lehmig
Sambucus nigra (Schwarzer Holunder)	Juni bis Juli	gelblichgrün bis weißlichgrün	sonnig bis halbschattig	anpassungsfähig
Viburnum lantana (Wolliger Schneeball)	April bis Mai	cremeweiß	sonnig bis halbschattig	anspruchslos
Weigela florida (Weigelie)	Mai bis Juli	hellrosa bis dunkelrosa, weiß	sonnig bis halbschattig	durchlässig

„Wählen Sie die geeigneten Arten für Ihren Standort aus. Boden und Licht müssen stimmen, sonst wachsen die Pflanzen nicht richtig oder gehen sogar ein."

Eine Eibenhecke ist pflegeleicht. Vor dem Winter sollte sie durchdringend gewässert werden, damit es zu keinen Trockenschäden kommt.

Wege

Wege haben im Garten vielfältige Aufgaben. Eine der augenscheinlichsten ist es, verschiedene Bereiche des Gartens zu verbinden oder erreichbar zu machen. Wege schonen Boden und Pflanzen vor ständiger Trittbelastung und verhindern Rutschpartien bei Regen. Eine raffinierte Wegeführung lässt den Garten optisch größer wirken und eine sorgfältige Planung vor dem Anlegen erleichtert viele Arbeiten im Garten.
Den Zweck, den ein Weg oder eine befestigte Oberfläche im Garten erfüllen soll, bestimmt seine Ausführung. Je häufiger ein Weg benutzt wird, desto fester und stabiler muss er beschaffen und angelegt sein. So muss der Hauptweg vom Eingang zur Haustür, der täglich mehrmals benutzt wird, oder der Weg zum Gemüsebeet, der im Sommer mit Schubkarre und Geräten befahren wird (Wegbreite mindestens 60 cm), einer höheren Belastung Stand halten als ein selten benutzter Trampelpfad zu einer entlegenen Gartenecke.

Spartipps

1. Betonplatten sind billig und belastbar – Restposten oder angeschlagene Platten kosten weniger.
2. Verwenden Sie Natursteine aus Ihrer Umgebung – diese fügen sich natürlicher in den Garten ein und sind wegen geringerer Transportwege preiswerter.
3. Wenig belastete Wege lassen sich mit Sand, Kies oder Rindenmulch anlegen.
4. Zwischen Beeten ist ein Rasenweg die billigste und einfachste Lösung.
5. Muss es ein geschlossener Weg sein oder reichen vielleicht nicht sogar nur ein paar Trittplatten?

So funktioniert's

1 Betonplatten

Betonplatten sind wohl die günstigste und am einfachsten zu verlegende Wegoberfläche. Es gibt sie in vielen Farben und Oberflächen. Halten Sie in Baumärkten oder im Baustoffhandel nach Restposten oder nach beschädigten Partien Ausschau. Eine abgeschlagene Ecke oder Kante kann man eventuell nach unten legen. Zugangswege zum Gemüsebeet sollten mit einer Schubkarre befahrbar sein, zwischen den Beeten sind keine Betonplatten nötig, hier reicht meist eine lange Holzlatte aus, um die Pflanzen zur Pflege und Ernte erreichen zu können.

2 Mauersteine und Platten

Natursteine gehören zu den attraktivsten Bodenbelägen, haben aber ihren Preis. Bevorzugen Sie immer Gesteinsarten, die

Eingerahmt von weißen Rosen, die als Hochstämmchen gezogen wurden, fügt sich der Weg aus Ziegelsteinen wunderbar in den bäuerlichen Garten ein.

Preiswerter Rindenmulch eignet sich hervorragend für wenig genutzte Wege, zum Beispiel zwischen den Beeten.

natürlicherweise in Ihrer Umgebung vorkommen. Erstens passen sie sich optisch besser in den Garten ein und zweitens sind sie durch die geringeren Transportkosten oft deutlich günstiger. Und wenn in Ihrer Nachbarschaft gerade ein Haus abgerissen oder ein Garten umgestaltet wird, können Sie vielleicht sogar umsonst an Platten kommen, die schon eine natürliche Patina angesetzt haben.

3 Sand, Kies und Rindenmulch

Wege aus Sand und Kies sind leicht anzulegen und die Auswahl an Farben ist enorm. Auch Rindenmulch ist ein ideales Material für wenig belastete Wege – attraktiv, günstig, haltbar, nicht verschlämmend und schnell abtrocknend. Verschiedene Rindeninhaltsstoffe verhindern, dass sich Unkräuter ansiedeln.

> **„Wege aus Rindenmulch oder Sand halten besonders lange, wenn sie mit einem Unterbau aus Schotter, der mit einer Unkraut unterdrückenden Folie abgedeckt ist, angelegt werden."**

4 Rasenweg

Ein Rasenweg zwischen Gemüse- oder Staudenbeeten ist schnell angelegt und angenehm zu begehen. Wichtig: Er sollte nicht breiter als der Rasenmäher sein, dann geht das Mähen am schnellsten. Die ideale Schnitthöhe beträgt 4 bis 6 cm.

5 Trittplatten

An Stellen, die nur wenig genutzt werden, reichen oft schon ein paar Trittplatten, Rasengitter oder Holzscheiben aus, damit man sich, ohne den Boden zu verdichten oder bei Nässe im Schlamm zu versinken, im Garten bewegen kann. Das spart Material und wirkt außerdem großzügiger und weitläufiger als eine geschlossene Wegfläche. Damit Holzscheiben durch Moos und Algen nicht glitschig werden, kann man einen feinen Maschendraht auf die Oberfläche nageln.

Tipp

Bei Trittplatten ist die richtige Schrittweite wichtig – gemessen wird von Plattenmitte zu Plattenmitte und der Abstand sollte etwa 70 cm betragen, sonst muss man entweder trippeln oder wie ein Storch schreiten.

Materialien für Wege

• günstig •• preiswert ••• teuer

Material	Vorteile	Nachteile
Betonplatten •	– viele Oberflächen und Farben – günstig – leicht zu verlegen – kaum Pflege nötig	– können bei großen Flächen trist aussehen – heizen sich in der Sonne auf
Sand und Kies •	– günstig – einfach zu verlegen	– Unkraut kann sich ansiedeln – muss gelegentlich ergänzt werden
Ziegel und Klinker •	– günstig – natürliche Optik	– nicht immer frostfest – kompliziert zu verlegen
Rindenmulch •	– weiche Oberfläche – natürliche Optik	– muss gelegentlich ergänzt werden
Pflastersteine •••	– viele Oberflächen und Farben – kaum Pflege nötig	– teuer – schwierig zu verlegen
Naturstein ••/•••	– natürliche Optik – attraktiv	– teuer – schwierig zu verlegen

Terrassen und Sitzplätze

Was gibt es Schöneres, als in der warmen Jahreszeit an einem sonnigen Tag oder einem lauen Sommerabend die Zeit draußen im Garten zu verbringen. Egal, ob Sie auf der Terrasse eine große Sitzgruppe für die ganze Familie, einen Liegestuhl, eine kleine Bank in einer lauschigen Gartenecke oder eine Laube unter einem kleinen Baum errichten möchten – in allen Fällen kommt es auf die richtige Lage, Größe und die Wahl des Bodenbelags an.

Erfolgstipps für Sitzplätze

1 Wählen Sie von vornherein den richtigen Platz.

2 Stimmen Sie die Größe mit Ihren Bedürfnissen ab.

3 Beim Bodenbelag lässt sich viel sparen.

4 Ein Sonnenschutz vermeidet Sonnenbrand und Hitzschlag.

5 Sichtschutz – neugierige Blicke einfach fern halten.

So funktioniert's

1 Der richtige Platz im Garten

Je nachdem, ob Sie ihren Sitzplatz in der Sonne oder im Schatten anlegen möchten, am Haus oder am Rand des Gartens, der Standort will wohl überlegt sein. Beobachten Sie Ihren Garten und den Stand der Sonne sowie den Schattenverlauf im Lauf des Tages. Denken Sie daran, dass im Frühjahr und Herbst die Sonne nicht so hoch am Himmel steht und die Schatten länger sind! Ein lichter Schattenplatz ist am besten geeignet. Schattige, kühle Plätze sind nur im Hochsommer angenehm, vollsonnige können schnell zum Grill werden, anstatt zur Entspannungsoase. Was nützen ein aufwändig angelegter Sitzplatz oder eine Terrasse, wenn sie später nicht genutzt werden können?

2 Die richtige Größe

Es gibt einige Faustregeln, wie groß ein Sitzplatz sein sollte. Je sparsamer Sie mit dem Platz umgehen, desto geringer sind Materialaufwand und desto mehr Platz bleibt im übrigen Garten. Ihr Sitzplatz sollte sich immer dem Bedarf und dem Garten anpassen. Wie viele Personen nutzen Ihren Sitzplatz? Überlegen Sie, ob für die wenigen Abende, an denen Sie Gäste oder Besuch haben, nicht auch eine raffinierte, provisorische Lösung ausreicht. Warum für acht Personen den Garten zupflastern, wenn man normalerweise nur zu zweit oder viert ist?

Für einen kleinen Tisch und einen kleinen Stuhl reichen 1 bis 2 m^2 und für eine Bank sollten Sie zur Banktiefe noch etwa 60 cm hinzurechnen. Der Platz für einen Liegestuhl sollte etwa 1 m breit und 2,5 m lang sein. Schließlich möchten Sie sich ja auch ein bisschen mit der Sonne bewegen oder einen Beistelltisch oder Sonnenschirm dazustellen. Ein Tisch für vier bis sechs Personen benötigt eine Fläche von 10 bis 12 m^2.

Rotbraune Ziegelsteine als Bodenbelag schaffen eine angenehme Atmosphäre für einen Sitzplatz im Garten.

3 Bodenbeläge und Oberflächen

Die Wahl des Bodenbelags hat einen enormen Einfluss auf die Atmosphäre – und Ihren Geldbeutel! Genau wie bei Wegen steht eine Vielzahl an Materialien zur Verfügung aus der gewählt werden kann. Für Terrassen wirken Holzdecks außergewöhnlich attraktiv und sind mit fertigen Elementen schnell verlegt. Wichtig ist hier, die Preise genau zu vergleichen, die Unterschiede sind oft enorm! Damit die Oberfläche bei Nässe durch Algen nicht glitschig wird, sollte Sie regelmäßig gereinigt werden. Und für einen trockenen Unterbau sollte gesorgt sein, damit nicht nach zwei Jahren aus dem Holzdeck eine „Mulchfläche" geworden ist. Apropos Mulch, muss der Sitzplatz überhaupt mit einer festen Oberfläche ausgestattet sein? Besonders witterungsbeständige Gartenmöbel können auch direkt auf dem Rasen stehen und schaffen so ein ungewöhnliches Picknick-Flair. Zumal Sie je nach Laune in der Sonne oder im Schatten sitzen können, ohne an einen festen Platz gebunden zu sein.

Auf Seite 35 finden Sie eine Übersicht der gängigsten Materialien für Wege und Bodenoberflächen im Vergleich.

„Eine unansehnliche Terrasse lässt sich mit Holzfliesen in ein elegantes Holzdeck verwandeln."

Tipp

Mit einem Sonnensegel können Sie gleich zwei Fliegen mit einer Klappe schlagen:
Es schützt sowohl vor neugierigen Blicken als auch vor zu starken Sonnenstrahlen.

Holzscheiben aus dem Sägewerk sind günstig und leicht zu verlegen.

4 Sonnenschutz und Schattenspender

An heißen Sommertagen, oder wenn der Sitzplatz der vollen Sonne ausgesetzt ist, kann es schnell ungemütlich werden. Vorbei ist der Genuss beim Essen, Lesen oder Seele baumeln lassen. Ein lichter Schatten einer Laube, Pergola oder eines Sonnenschirms ist viel angenehmer. Wenn Ihr Garten schon schattige Plätze hat, sollten Sie Ihren Sitzplatz gleich dort anlegen. Eine einfache Pergola aus rohen Balken oder aus einem Fertigbausatz ist günstig und lässt sich mit Kletterpflanzen attraktiv begrünen.

Sonnenschirme sollten groß genug sein, um alle Sitzplätze einer Gruppe ausreichend zu schattieren. Und auf einem standfesten Fuß stehen, damit eine kleine Sommerböe nicht den ganzen Tisch abdeckt.

Auch Markisen und Sonnensegel eignen sich für eine zeitweilige Beschattung. Mit ein bisschen handwerklichem Geschick lassen sie sich aus einem Holzrahmen, der mit einer Stoffbahn (vielleicht ein ausgedientes Bettlaken) bespannt ist, leicht selber bauen.

5 Sichtschutz

Wer sich im Garten entspannen will, möchte dabei nicht unbedingt im Blickfeld von Nachbarn oder Passanten liegen. Ein einfacher Sichtschutz lässt sich mit einer günstigen Schilfrohrmatte, einem stoffbespannten Paravent oder einem alten Bettlaken mit ein paar Wäscheklammern schaffen. Noch billiger sind die Samenkörner von schnellwüchsigen Kletterpflanzen wie Kapuzinerkresse (*Tropaeolum majus*) oder Schwarzäugiger Susanne (*Thunbergia alata*), die einen tristen Maschendrahtzaun in wenigen Wochen grün und blickdicht beranken.

Erde und Kompost

Kompost ist wohl der älteste und am weitesten verbreitete organische Dünger, der im Garten verwendet wird. Praktisch alles, was im Garten und im Haushalt an organischen Abfällen anfällt, kann wieder verwertet werden.

Welkes Laub, Hecken- und Rasenschnitt, alte Zweige und Küchenabfälle wie Obst- oder Gemüsereste verwandeln sich in kurzer Zeit in nährstoffreiche Humuserde und sind ein Jungbrunnen für jede Gartenpflanze.

Spartipps

1 Sparen Sie sich die Müllgebühr für eine Biotonne und schaffen Sie sich einen eigenen Kompost an.

2 Aufwändige Kompostbehälter sind nicht notwendig, ein einfacher Komposthaufen oder ein Holzlattenkomposter reichen völlig.

3 Kompoststarter oder -beschleuniger sind ebenso überflüssig. Eine Handvoll gute Gartenerde erfüllt denselben Zweck.

4 Teure Mineraldünger können oft durch günstigen Kompost ersetzt werden.

5 In vielen Gemeinden können Sie Kompost aus der Grüngutentsorgung kostenlos beziehen. Wo und wie erfahren Sie bei Ihrer Stadtverwaltung. Das ist definitiv billiger als der Sack aus dem Baumarkt.

Ein einfacher Lattenkompost reicht völlig aus und lässt sich mit Kapuzinerkresse attraktiv begrünen.

So funktioniert's

1 Kompost statt Biotonne

Fragen Sie in Ihrer Gemeinde bei der zuständigen Abfallbehörde an, ob Sie einen Nachlass auf die Gesamtsabfallgebühren erhalten können, wenn Sie Ihre Küchen- und Gartenabfälle im eigenen Garten kompostieren.

2+3 Komposthaufen ohne Schnickschnack

Bei richtiger Kompostierung werden Unkrautsamen und Krankheitserreger praktisch komplett abgetötet. Der vielfach zitierte Rat, Ernterückstände oder Fallobst mit dem Hausmüll zu entsorgen, ist überholt. Geschlossene Komposter sind nur notwendig, wenn Sie auch Essensreste kompostieren möchten und kein Ungeziefer anlocken wollen oder einen kleinen Garten haben. Auch die häufig angebotenen Kompoststarter oder -beschleuniger sind zwar nicht wirkungslos, aber auch nicht immer nötig. In normaler Gartenerde und vor allem in fertigem Kompost sind genügend Bakterien und Pilzsporen enthalten, die die organische Masse in Humus umwandeln. Vielleicht hat Ihr Nachbar oder ein Freund auch eine Handvoll reifen Kompostes für den Start. Einfacher Kalkstickstoff oder Hornspäne geben dem Kompost fehlenden Stickstoff. Vorsicht: Bei der Ausbringung von Kalksstickstoff darf nicht geraucht, gegessen oder getrunken werden!

4 Organisch, statt künstlich

Reifer, gut verrotteter Kompost ist mehr als Boden lockernder Humus – er ist ein perfekter natürlicher Dünger mit allem, was die Pflanzen brauchen. Aber auch hier gilt: Viel hilft nicht viel! Zu viel Kompost überdüngt den Boden.

5 Grüngutkompost von der Kommune

Viele Gemeinden sammeln und kompostieren den anfallenden Biomüll und das Grüngut der Bewohner und der städtischen Grünanlagen. Finden Sie heraus, ob Abfälle aus Biotonne und Grüngut getrennt kompostiert werden. Biokompost besteht vor allem aus Küchenabfällen und manchmal auch aus Essenresten. Er enthält sehr viele Nährstoffe und Salz. Grüngutkompost entsteht bei der Verrottung von Schnittgut, Laub und Zweigen und eignet sich auf Grund des geringeren Salzgehaltes besser zur Verwendung im Garten.

„Aufwändige Kompostbehälter sind Schnickschnack und überflüssig. Ein einfacher Kompostbehälter aus Holzlatten ist völlig ausreichend."

Mit Gartenkompost gedüngte Stauden erfreuen uns im Sommer mit herrlichem Blütenflor.

Was gehört auf den Kompost?

gut geeignet	in Maßen geeignet	ungeeignet
Obst- und Gemüseabfälle aus der Küche	Bananenschalen	salzige Essensreste
Rasenschnitt	Schalen von Citrusfrüchten	Fleisch und Knochen
Zweige, Laub		Einstreu von Tierbehausungen (Katzentoilette)
gebrauchte Blumenerde		

Tipps zum Thema Blumenerde

1 Billige Blumenerde eignet sich gut für Pflanzen, die nur kurze Zeit kultiviert werden.

2 Teure Spezialerde ist nur für Pflanzen notwendig, die besondere Ansprüche haben oder dauerhaft in Töpfen, Kübeln oder Kästen wachsen sollen.

3 Balkonkastenerde vom Vorjahr eignet sich perfekt zur Auflockerung von Kompost.

4 Für Rhododendren oder andere Moorbeetpflanzen können Sie den Boden statt mit Torf mit Rindenhumus verbessern.

5 Graberde wird mit Ruß geschwärzt. Der belastet die Umwelt. Feiner, dunkler Kompost oder gut verrotteter Rindenhumus eignet sich genauso gut.

Das richtige Werkzeug

An Werkzeug benötigen Sie zum Umsetzen am besten eine Grabegabel. Eine Schaufel ist zum Absieben geeignet. Bei sehr trockenem Wetter ist ein Gartenschlauch zum Wässern hilfreich. Aber brauchen Sie wirklich ein aufstellbares (Durchwurf-)Sieb? Oder einen Häcksler zum Zerkleinern von Heckenschnitt oder Laub? Sprechen Sie mit Ihren Nachbarn oder Freunden und schaffen Sie solche Geräte gemeinsam an – sie werden so selten gebraucht. Häcksler benötigen zudem einen trockenen, geschützten Platz zur Aufbewahrung. Zum Verteilen des fertigen Kompostes im Garten ist eine Schubkarre nützlich.

Rasen

Eine sattgrüne Rasenfläche, die sich wie ein Teppich durch den Garten zieht – von Blumenrabatten gesäumt und von überhängenden Zweigen der angrenzenden Bäume und Sträucher eingerahmt –, das ist der Traum vieler Gartenbesitzer.

Wir zeigen Ihnen auf diesen Seiten, wie Sie diesen Traum verwirklichen und erhalten können, ohne Ihr gesamtes Gartenbudget für ein paar grüne Zentimeter über der Erdoberfläche verbrauchen zu müssen.

So funktioniert's

1 Nur guter Boden lässt den Rasen sprießen

Damit eine Rasenfläche auch das aushält, was sie verspricht und nicht zu einer gelbbraunen Steppe wird, müssen Sie ein paar Grundregeln beachten. Ideal ist ein sandig-humoser Boden, der einen guten Wasserabzug hat. An Stellen, an denen sich Wasser staut, macht sich schnell Moos breit. 2 bis 3 Liter Sand, also etwa 3 bis 5 kg, mit einer Körnung von 0 bis 2 mm, pro Quadratmeter helfen, einen schweren Boden zu verbessern.

2 Auf die Mischung kommt es an

Beim Säen ist die richtige Rasenmischung wichtig. Je nach Verwendungszweck gibt es spezielle Samenmischungen. Eine englische Rasenmischung, die im feucht-kühlen Norddeutschland bestens gedeiht, wird im heißen, trockenen Klima am Oberrhein höchstens eine gelbe Trockensteppe hervorbringen. Egal ob Sportrasen oder spezielle Mischungen für schattigere Standorte, eine billige Rasenmischung enthält immer auch landwirtschaftliche Futtergräser als Füllmaterial. Qualität hat eben ihren Preis und hier sollte wirklich nicht gespart werden. Sonst müssen Sie im nächsten Frühjahr alle Lücken wieder nachsäen. Und das kommt teurer, als die richtige Mischung von Beginn an zu verwenden.

Sternmoos gedeiht hervorragend zwischen Trittplatten und muss nicht einmal gemäht werden.

Spartipps

1. Bereiten Sie den Boden richtig vor, das vermeidet Folgeprobleme.
2. Wählen Sie die richtige Saatgutmischung.
3. Säen Sie den Rasen aus, statt Rollrasen zu verwenden.
4. An trockenen Standorten eignen sich Rasensetzlinge besser.
5. Planen sie an schattigen, feuchten Stellen eine andere Oberflächengestaltung.
6. Härten Sie Ihren Rasen ab! Wenige intensive Bewässerungen sind besser als viele oberflächliche.
7. Streuen Sie eigenen Kompost, statt teuren Dünger zu verwenden.
8. Wählen Sie den richtigen Rasenmäher.
9. Legen Sie an stark belasteten Stellen Trittplatten oder Rasengitter.
10. Der Hund und der Rasen.

Rasensamenmischung

geeignet	ungeeignet
Straußgras	Wiesenschwingel
Schafsschwingel	Welsches Weidelgras
Rotschwingel	Einjähriges Weidelgras
Deutsches Weidelgras	Einjähriges Rispengras

3 Rollrasen

Rollrasen hat zwar den Vorteil, dass man sofort eine geschlossene grüne Fläche erhält, ist aber um ein Vielfaches teurer als eine Aussaat.

4 Rasensetzlinge

An sehr trockenen Standorten sind spezielle Rasensetzlinge oder Sprosse einer Aussaat vorzuziehen, da die Gefahr des Austrocknens der frischen Keimlinge zu groß ist. Man bekommt Sie über Landschaftsgärtner oder fragen Sie in einem guten Gartencenter!

5 Moos ist doch auch grün, oder?

An schattigen Stellen gedeiht Rasen nur selten wirklich gut. Warum sich also nicht ganz einfach mit dem „Feind" des Rasens verbünden? Eine geschlossene Moosdecke ist genauso grün, weicher und muss nicht einmal gemäht werden! An halbschattigen Stellen können Sie statt Rasen auch Mastkraut oder Sternmoos *(Sagina subulata)* säen, das schnell eine geschlossene, frischgrüne Oberflächenbedeckung bildet. Das ist zwar etwas teurer als Rasensaatgut, aber billiger als alle acht Wochen Moos zu entfernen und Rasen nachzusäen.

Ein gepflegter, sattgrüner Rasen ist ein Blickfang in jedem Garten.

6 Eine Rosskur macht den Rasen robust

Sommerzeit ist Bewässerungszeit, so mag man denken, wenn jedes Jahr im August wertvolles (und teures!) Trinkwasser auf Rasenflächen vergeudet wird. Erziehen Sie Ihren Rasen zum Wassersparen! Je häufiger Sie beregnen, desto weniger und flachere Wurzeln bildet der Rasen aus. Und umso anfälliger wird er für Trockenheit. Wenige, dafür intensivere Bewässerungen, die den Boden bis in etwa 20 cm Tiefe durchfeuchten, regen das Wurzelwachstum an und härten die Pflanzen ab. Ideale Bewässerungszeit sind die Abend- oder Nachtstunden, weil hier am wenigsten Wasser verdunstet.

7 Kompost statt Blaukorn

Wenn Sie Ihren Rasen regelmäßig mit etwas Kompost oder Hornspänen versorgen und nicht überdüngen, bekommen Sie einen robusten, pflegeleichten Rasen, der nicht viel Arbeit macht und teuren Mineraldünger spart.

8 Rasenmäher

Viele Gartenbesitzer schauen beim Kauf des Rasenmähers wohl eher darauf, was der Nachbar in der Garage oder im Schuppen stehen hat, als darauf, was für den eigenen Garten ausreicht. Für einen kleinen Reihenhausgarten benötigen Sie keinen selbst fahrenden Benzinmäher, der regelmäßig gewartet werden muss und zudem teuer und störungsanfällig ist. So verlockend es auch sein mag, auf einem kleinen „Mini-Traktor" im Garten seine Runden zu drehen, prüfen Sie genau, ob nicht auch ein einfacher Elektromäher reicht. Und vergessen Sie nicht, Steine und Wurzeln aus dem Rasen zu entfernen, sie könnten sonst die Messer des Rasenmähers beschädigen.

9 Trittplatten und Rasengitter

An Stellen, die oft betreten oder begangen werden, sollten Sie die Grasnarbe mit speziellen Rasengittern vor zu starker Beanspruchung schützen. Wer sich ständiges Nachsäen und Ärger, ersparen möchte, legt lieber gleich ein paar Trittplatten oder einen Rindenmulchweg an.

10 Der Hund und der Rasen

Noch ein Rat an alle Hundebesitzer: Führen Sie ihren Hund regelmäßig aus, und zwar nicht in den Garten. Das freut Ihren Hausfreund, hält fit und schont den Rasen vor „Verbrennungen" durch zu viele Nährstoffe, wenn Fiffi im Garten sein Bein heben würde.

Pflanzen für den Garten

Pflanzen sind die wichtigsten Elemente eines Gartens. Ihre Farben und Formen sind so unterschiedlich, genauso wie ihre Wachstumsrhythmen oder der Nutzen, den wir Gartenbesitzer uns von ihnen versprechen. Denken Sie an ein farbenfrohes Blumenbeet, in dem ein- und mehrjährige Pflanzen zusammen mit Rosen in den unterschiedlichsten Farbtönen miteinander harmonieren oder an eine wohlriechende Glyzinie, die an einem Spalier emporsteigt. Bäume und Sträucher, gerne als Gerüst des Gartens bezeichnet, gelten mit ihren Blüten, Früchten oder ungewöhnlichen Wuchsformen als echte Highlights und lassen sich wunderbar mit Zwiebelblumen als Unterpflanzung kombinieren. Kübelpflanzen oder Kräuterkompositionen verschönern jede Terrasse und versprühen einen Hauch von mediterranem Flair. Aber nicht nur der Ziereffekt der Pflanzen ist hervorzuheben, sondern auch Obst und Gemüse haben einen ganz besonderen Stellenwert im Garten. Frisches, knackiges Gemüse zum Hauptgericht, als Nachtisch leckeres, saftiges Obst und das Ganze frisch und ohne Chemie – welcher Magen fängt da nicht an vor Lust zu knurren.

So vielseitig die Pflanzen in ihrem Aussehen und Nutzen sind, genauso unterschiedlich ist auch ihre Beschaffung. Hier finden sich viele kostengünstige Lösungen, von großen Einsparungen beim Pflanzenkauf bis hin zu der Möglichkeit, Pflanzen gratis zu bekommen.

Ein schöner Garten lädt ein zum Obst und Gemüse ernten, zum Freunde treffen oder einfach nur zum Entspannen.

Tipps für kostenlose Pflanzen

1 Nutzen Sie Heim- oder Schrebergartenauflösungen, um Pflanzen zu retten und sie in Ihrem Garten wieder anwachsen zu lassen.

2 Schließen Sie sich Gartenbauvereinen oder -verbänden an und genießen Sie Ihre daraus resultierenden Beziehungen.

3 Besuchen Sie Pflanzenbörsen in Ihrer Region oder im Internet und tauschen Sie nach Herzenslust mit anderen interessierten Pflanzenliebhabern.

4 Fragen Sie Freunde oder Nachbarn nach Pflanzen aus dem Garten, die bequem und einfach vermehrt werden können.

Viele blühende Pflanzen lassen sich gut ausgraben und problemlos an anderer Stelle wieder einpflanzen.

So funktioniert's

1 Retten Sie, bevor der Bagger kommt

Vielerorts werden alte Gärten oder gar ganze Schrebergartenkolonien aufgelöst und mit schwerem Gerät dem Erdboden gleich gemacht, um im Anschluss neue Wohnblöcke oder einen neuen Bürokomplex entstehen zu lassen. Dabei hat das „Räumungskommando" nur wenig Zeit, geschweige denn die notwendige Sensibilität, die dort ansässigen und etablierten Pflanzen auszugraben und an anderer Stelle wieder einzupflanzen. Sprechen Sie vor den jeweiligen Bauvorhaben die Besitzer dieser Gärten an. Oftmals sind sie aufgrund des eigenen Platzmangels glücklich darüber, dass ihre Pflanzen gerettet werden und nicht zusammen mit Schutt und Geröll auf einer Deponie landen.

Besonders Stauden, Zwiebelpflanzen, Heckenpflanzen oder kleinere, junge Bäume lassen sich wunderbar umpflanzen und sind dankbar für ein neues Zuhause. Denken Sie an einen Spaten, an Eimer, Kübel oder eine Kiste sowie an altes Zeitungspapier, in das die ausgestochenen Erdballen eingewickelt werden können. Der sicherste Weg für ein unkompliziertes Anwachsen in neuer Umgebung ist es, die Pflanzen unmittelbar nach dem Herausnehmen in Ihrem Garten an Ort und Stelle wieder einzupflanzen. Geben Sie ausreichend viel Wasser und sorgen Sie bei jungen, umgepflanzten Bäumen mit einem Anbinden an Pfählen für den notwendigen Halt. Die Mühe lohnt sich: Sie retten Pflanzen und sparen dabei!

2 Beziehungen durch Gartenvereine und -verbände

Rosenliebhaber, Fuchsiensammler oder Staudenfreunde – sie alle haben eines gemeinsam: Sie teilen ihr Hobby mit Gleichgesinnten und genießen das freundliche Miteinander in Vereinen und Verbänden. In netter Atmosphäre werden Gärten besichtigt, Seminare durchgeführt und Pflanzenschutz oder andere Anbauprobleme diskutiert. Keine Frage, hier befindet sich ein unglaublich großes Wissen über Gartenthemen jeglicher Art. Kommen Sie mit naturverbundenen Menschen in Kontakt, schließen Sie sich Gartenvereinen oder -verbänden an und genießen Sie die daraus resultierenden Beziehungen. Sie werden sehen: Je mehr Garten- und Pflanzenfreunde Sie kennen lernen, desto öfter bietet sich die Möglichkeit, Pflanzen zum Nulltarif zu bekommen.

Zitruspflanzen werden besonders gerne als Tauschobjekte auf Pflanzenbörsen angeboten.

3 Pflanzentauschbörsen

Vor der Einführung des Geldes bestimmten die täglichen Tauschgeschäfte das Leben der Menschen – Mehl für ein Hufeisen oder Äpfel für einen getöpferten Krug. Auch heute noch erfreut sich das Tauschgeschäft vor allem in Zeitschriften oder im Internet einer ständig wachsenden Fangemeinde. Haben Sie in diesem Zusammenhang schon mal etwas von Pflanzenbörsen gehört, in denen ausgefallene Pflanzen und auch seltene Sämereien getauscht oder gratis abgegeben werden – quasi von Gartenfreund zu Gartenfreund? Viele der sich am Markt befindlichen Gartenzeitschriften für Hobbygärtner bieten derartige Tauschbörsen an. Dabei ist das Inserieren von Anzeigen oft kostenlos.

Sie können auch das Internet nutzen, wo für Sie viele Tauschbörsen bereitstehen, in denen Sie nach Herzenslust nach Ihrer Wunschpflanze suchen können. Treten Sie für Tauschgeschäfte mit Pflanzenfreunden in Kontakt und lernen Sie auf diese Weise freundliche Gartenbesitzer kennen.

Aber nicht nur Gartenzeitschriften und das Internet bieten eine derartige Plattform, sondern auch auf Basaren oder Veranstaltungen von Vereinen oder Verbänden können Pflanzen getauscht oder sogar kostenlos erworben werden. Die Termine hierfür sind der lokalen Presse zu entnehmen.

Auch die verschiedenen Engelstrompeten-Arten, wie diese weiß blühende, sind begehrte Tauschojekte.

Pflanzenbörsen im Internet

- Geben Sie in einer Suchmaschine (Google, Yahoo und andere) das Wort „Pflanzenboerse" ein.
- Sie erhalten eine große Anzahl von ausgewählten Internetseiten – klicken Sie sich durch zu Ihrem Favoriten.
- Informieren Sie sich auf der jeweiligen Internetseite über den weiteren Vorgang bezüglich einer eventuell benötigten Anmeldung.
- Die Bedingungen des Tauschgeschäftes sind in der Regel der Anzeige beigefügt, wie zum Beispiel das Bezahlen des Portos oder das Abholen der Tauschobjekte.

4 Pflanzen aus Nachbars Garten

Haben Sie schon öfters die kräftig blühenden Polsterstauden im Vorgarten ihres Nachbarn bewundert und sich für diese bereits ein schönes Plätzchen in Ihrem Garten überlegt? Oder sind Ihnen nicht auch schon auf der Gartenparty eines Freundes die Funkien aufgefallen, die aufgrund ihrer harmonischen Blattfärbungen die Blicke eines jeden Pflanzenfreundes magisch anziehen? Viele Pflanzen lassen sich durch Teilung oder durch andere Vermehrungsmethoden kinderleicht verdoppeln. Welche Pflanzen sich hierfür eignen, wird im Kapitel „Pflanzenvermehrung" (ab Seite 86) übersichtlich beschrieben. Sprechen Sie Ihre Bekannten freundlich auf deren Gartenreichtümer an und erzählen Sie ihnen, auf welche Weise sich die jeweiligen Pflanzen vermehren lassen. Sie werden sehen, es dauert nicht lange und Ihr Nachbar wird Ihnen mit einer geschenkten Pflanze eine Freude bereiten.

Aber nicht nur Stauden sind wunderbar zu teilen, sondern auch viele kleine, neu bewurzelte Jungsträucher lassen sich mit einem Spaten sehr einfach von ihren Mutterpflanzen trennen. Als Paradebeispiel ist hier der Hartriegel zu nennen, der sich durch unterirdische Ausläufer rasch ausbreitet und deshalb immer wieder einmal ausgelichtet werden muss. Bieten Sie Ihrem Bekannten an, bei dieser Gartenarbeit zu helfen und fragen sie dabei nach bewurzelten Ablegern.

Wildpflanzen sind tabu

- Das Ausgraben von geschützten Pflanzen in der freien Natur ist gesetzlich verboten!
- Genießen Sie lieber die Blütenpracht bei einem Spaziergang im Sonnenschein.
- Oder sammeln Sie eine Handvoll Samen von ungeschützten Pflanzen für eine Aussaat im Frühjahr.

„Wussten Sie, dass Ihr herrlich blau blühender Enzian kinderleicht zu vermehren ist?"

Polsterartige Stauden, wie beispielweise der Enzian, lassen sich durch Teilung gut vermehren.

Sparen beim Pflanzenkauf

Natürlich ist es nicht immer möglich, alle Pflanzen gratis zu bekommen. Was müssen Sie tun, wenn Sie größere Stückzahlen benötigen oder bestimmte Pflanzenarten, wie beispielsweise Blumenzwiebeln, auf dem kostenlosen Wege nicht zu beschaffen sind? Schonen Sie Ihren Geldbeutel, indem Sie einen oder mehrere der nun folgenden zehn besten Spartipps rund um den Pflanzenkauf in die Tat umsetzen.

Seien Sie zur richtigen Zeit am richtigen Ort und Sie werden sehen, dass das eine oder andere Pflanzenschnäppchen garantiert funktioniert.

Spartipps

1. Vorher planen und deshalb sparen
2. Weniger ist oft mehr
3. Standortgerechte und pflegeleichte Pflanzen auswählen
4. Erntezeit und Lagerfähigkeit von Obst und Gemüse beachten
5. Einkaufen direkt beim Produzenten
6. Samen oder Jungpflanzen kaufen und selber ziehen
7. Pflanzenkauf in Bau- und Supermärkten
8. Mit gesunden Pflanzen starten
9. Geduld zahlt sich aus – Sortimentswechsel in Gärtnereien und Gartencentern nutzen
10. Schnäppchenjagd auf Pflanzenmessen

So funktioniert's

1 Vorher planen und deshalb sparen

Der größte Fehler beim Pflanzenkauf besteht darin, unvorbereitet und ohne Gedanken und Notizen über die gewünschte Pflanzenauswahl in eine Gärtnerei zu fahren. Denn vor Ort werden Sie aufgrund der Fülle der verschiedensten Pflanzenarten völlig den Überblick verlieren und womöglich zu viele Pflanzen kaufen, die Sie gar nicht brauchen. Vermeiden Sie derartige Fehlinvestitionen. Machen Sie sich vorher einen genauen Plan, welche und vor allem auch wie viele Pflanzen Sie benötigen.

2 Weniger ist oft mehr

Wissen Sie, was der häufigste Fehler bei der Neuanlage eines Gartens ist? Es wird zu dicht gepflanzt, so dass spätestens nach vier Jahren 30 bis 50 % der gekauften Pflanzen wieder entfernt werden müssen. Gerade beim Pflanzen von Stauden und Sträuchern ist das oft der Fall. Pflanzen brauchen Platz, um sich entwickeln und ausbreiten zu können. Geben Sie Ihren Pflanzen den notwendigen Raum, auch wenn im ersten oder zweiten Jahr Lücken vorhanden sind. Bei guter Pflege entwickeln sie sich zu prachtvollen Exemplaren und schaffen im Staudenbeet üppige Szenerien.

„Weniger ist oft mehr" gilt auch für den Balkonpflanzenkauf. Vergewissern Sie sich zunächst, wie viele Balkonkästen und Kübel Sie bepflanzen möchten und wie groß diese sind. Machen Sie nicht den Fehler, zu viele Pflanzen in einen Kasten setzen zu wollen. Denn bei guter Pflege entwickeln sich schon wenige gesunde Balkonpflanzen, wie beispielsweise hängende Petunien (*Petunia*-Hybriden) oder Pelargonien (*Pelargonium peltatum*), zu einem bezaubernden Blütenmeer.

Eine gut sortierte Gärtnerei bietet ein reichhaltiges Angebot an verschiedensten Pflanzenarten.

Stauden brauchen Platz, um ihre ganze Schönheit zu entfalten.

3 Wählen Sie standortgerechte und pflegeleichte Pflanzen

Haben Sie nicht auch schon einen Rhododendron gesehen, der in praller Sonne und auf kalkhaltigem Boden ein kümmerliches Dasein fristet?

Suchen Sie deshalb Ihre Pflanzen stets nach deren Standortansprüchen aus. Betrachten Sie unter diesem Aspekt vor allem den Boden (Bodenstruktur, pH-Wert) und die Lichtverhältnisse (Sonne, Halbschatten, Schatten) in Ihrem Garten. Passen Sie die Pflanzen den Eigenschaften Ihres Gartenbodens an, umgekehrt wäre der Aufwand zu groß und zu kostspielig. Im Handel erhältliche Teststäbchen für die pH-Wert-Messung helfen Ihnen dabei. Die Mühe lohnt sich: Standortgerechte Pflanzen bleiben eher gesund und müssen weniger durch neue Pflanzen ersetzt werden.

Wählen Sie neben standortgerechten Pflanzen auch pflegeleichte und problemlose Gewächse aus. Eine langsam wachsende Korkenzieher-Hasel (*Corylus avellana*) zum Beispiel beeindruckt ohne viel Pflege durch ihre bizarre Wuchsform. Oder aber der Fünffingerstrauch (*Potentilla fruticosa*), der mühelos jedes Jahr aufs Neue üppig blüht. Viele weitere pflegeleichte Pflanzen finden Sie ab Seite 98.

4 Obst und Gemüse

Entscheiden Sie sich für robuste Obst- und Gemüsesorten mit guter Lagerfähigkeit. So haben Sie auch noch im Winter die eigenen Vitaminreserven im Vorratskeller und sparen sich die hohen Kosten für Obst und Gemüse aus dem Supermarkt. Wählen Sie Sorten mit unterschiedlichen Erntezeiten. Drei oder vier gut ausgewählte Apfelbaumsorten zum Beispiel können Sie fast das ganze Jahr über mit Früchten versorgen.

Fünffingerstrauch – pflegeleicht und blühfreudig

5 Kaufen Sie direkt beim Produzenten

Die Produktion von Pflanzen findet oft an unterschiedlichen Plätzen statt. Jungpflanzenfirmen kümmern sich gezielt um die Vermehrung und verkaufen die kleinen Pflanzen an Gärtnereien zur Weiterproduktion. Diese kultivieren die Pflanzen bis zur Verkaufsreife und verlangen einen entsprechend höheren Preis. Unterbrechen Sie die Handelskette, indem Sie direkt beim Jungpflanzenlieferant Ihre Pflanzen ordern. Es gibt Firmen (Adressen im Anhang), die sich auf diese Marktlücke spezialisiert haben und ihre Kunden über den Versandhandel beliefern. Bestellen Sie kostengünstig Ihre Beet- und Balkonpflanzen als Jungpflanzen und ziehen Sie Ihre kleinen „Lieblinge" selbst heran. Nützliche Tipps aus Gartenzeitschriften oder -büchern helfen Ihnen, die jeweiligen Wachstumsbedingungen (Temperatur, Bewässerung, Düngung) einzuhalten.

Mohn lässt sich leicht durch Aussaat vermehren und gibt dem sommerlichen Garten einen natürlichen Charme.

Gesunde Jungpflanzen lassen sich leicht selbst groß ziehen.

6 Vom Samenkorn zur Blütenpflanze

Noch billiger als das Bestellen von Jungpflanzen ist das Aussäen von gekauftem oder selbst gesammeltem Saatgut. Mit einem Samenpäckchen können Sie oftmals mehr Pflanzen hochziehen, als Sie tatsächlich benötigen. Aber das macht nichts, denken Sie nur an die bereits erwähnten Tauschbörsen.

Vor allem Gemüse und Sommerpflanzen lassen sich wunderbar selbst aussäen. Beachten Sie aber, dass Ihre Aufzucht etwas Zeit und Platz benötigt. Ab Seite 87 finden Sie alle notwendigen Tipps, die Sie bei der Aussaat Ihres Blumen- oder Gemüsesamens beachten müssen. Sie werden sehen: Es ist kinderleicht und macht zudem noch sehr viel Freude.

„Schauen Sie Ihren Blumen beim Wachsen zu und seien Sie stolz auf Ihre selbst herangezogenen Pflanzen."

7 Pflanzenkauf in Bau- oder Supermärkten

Welcher Gartenbesitzer kennt diese Situation nicht, wenn er Anfang April im Bau- oder Supermarkt vor einer großen Anzahl von Beet- und Balkonpflanzen steht und sich fragt: Soll ich oder soll ich nicht? Bereits zu Hause werden wir mit Hilfe von großflächig verbreiteten Werbebroschüren auf Sonder- oder Rabattaktionen aufmerksam gemacht. Prinzipiell ist zu sagen, dass die Supermarktketten diese Pflanzen als Massenware beziehen und sie aus diesem Grund wesentlich billiger anbieten können als die Gärtnerei um die Ecke. Doch stimmt auch die Qualität? Fest steht, dass man gute, aber auch schlechte Erfahrungen machen kann. Oft sind die Pflanzen vergleichsweise kleiner als die Ware aus der Gärtnerei und benötigen zwei bis drei Wochen länger für die volle Blütenpracht. Wer den Pflanzen aber etwas Zeit gibt, kann bei entsprechender Pflege große Freude mit ihnen haben.

Bereits im März werden in Bau- und Supermärkten massenweise Frühjahrsblüher angeboten.

8 Starten Sie mit gesunden Pflanzen

Der Gesundheitszustand der Pflanzen sollte nicht nur beim Pflanzenkauf im Supermarkt, sondern auch beim Aussuchen der Ware in Gärtnereien, Gartencentern oder Baumärkten kontrolliert werden. Denn was bringt dem Gartenbesitzer eine gerade gekaufte Pflanze, die im Balkonkasten ohne Freude am eigenen Dasein kränkelt? Nehmen Sie die Pflanze in die Hand und führen Sie Ihren persönlichen Gesundheitsscheck durch.

Beim Kauf von Beet- und Balkonpflanzen (hier: Mittagsgold) ist ein gründlicher Gesundheitscheck unerlässlich.

Gesundheitscheck

- Fühlen Sie den Befeuchtungszustand im Substrat. Welkende Pflanzen sind ein Zeichen für zu wenig Wasser oder aber für Nässe liebende Wurzelkrankheiten.
- Bevorzugen Sie kräftige, kompakte Pflanzen mit vielen Blütenknospen.
- Achten Sie auf gut verzweigte, weiße Wurzeln. Lockern Sie hierfür den Wurzelballen vom Pflanztopf und ziehen Sie diesen vorsichtig herab. Schauen Sie dabei nach im Substrat lebenden Schädlingen wie beispielsweise Trauermückenlarven (5 bis 7 mm lang, schwarzer Kopf).
- Kommen Wurzeln unten aus dem Topf heraus, ist dies ein Zeichen für gut wachsende Pflanzen.
- Oberirdische Nager und Sauger erkennen Sie meist am Zustand der Blätter. Gelblich gesprenkelte Blätter weisen auf Spinnmilben oder Thripse hin, die Sie oft nur mit einer Lupe erkennen können. Blattläuse sehen Sie mit bloßem Auge. Sie sitzen meist auf jungen Blättern oder im Knospenbereich.
- Achten Sie auch auf grauen Schimmelrasen (Grauschimmelpilz) oder weißen Pilzbelag (Echter Mehltau) auf der Blattoberfläche. Ein zu enger Stand auf der Verkaufsfläche und abgestorbene Pflanzenreste fördern diese Pilzkrankheiten.

Zwiebeln im Winter

Der Herbst eignet sich zweifelsfrei am besten für das Setzen von Narzissen, Tulpen, Krokussen und Co. Doch bei milden Temperaturen können auch im Dezember noch Zwiebeln eingegraben werden. Warten Sie, bis Gärtnereien und Gartencenter ihre Lager räumen. Denn jetzt werden auch Zwiebeln wesentlich billiger angeboten. Die Überlebenschance und die Blüte im nächsten Frühjahr sind durch das späte Setzen zwar etwas geringer, doch sparen Sie ein Vielfaches im Vergleich zum Herbsteinkauf. Im Tuff gepflanzt fällt die ein oder andere nicht aufgegangene Zwiebelpflanze ohnehin nur wenig auf.
Sorgen Sie für die bestmöglichen Bedingungen, indem Sie folgende Tipps für Zwiebeln beachten:

- Suchen Sie nur Zwiebeln aus, die sich fest anfüllen und keine Faul- oder Schimmelstellen aufweisen.
- Legen Sie die Zwiebeln vor dem Pflanzen über Nacht ins Wasser.
- Eine Faustregel besagt: Pflanzen Sie die einzelnen Zwiebeln etwa dreimal so tief, wie sie dick sind.
- Sorgen Sie mit ausreichend Sand im Pflanzloch für eine gut funktionierende Drainage.
- Schützen Sie Ihre Zwiebeln mit Pflanzkörben oder Maschendraht vor Wühlmäusen.

Krokusse kündigen den Frühling an und machen Lust auf mehr.

9 Geduld zahlt sich aus

Sie träumen in jedem Frühjahr oder Sommer von einem eigenen Zitronenbaum, der Ihre Terrasse schmückt und zusätzlich noch vitaminreiche Früchte liefert? Haben Sie etwas Geduld. Warten Sie bis zum Herbst, wenn Gärtnereien und Gartencenter mit billigen Preisen für mediterrane Kübelpflanzen locken. Aus Kostengründen wollen die Fachmärkte nämlich ihren Kübelpflanzenbestand im Winter möglichst niedrig halten. Denken Sie daran, dass Sie einen Platz für die Überwinterung Ihrer Kübelpflanze brauchen – beispielsweise in einem hellen Keller oder einem Wintergarten. Dunkle Überwinterungsräume führen oft zu einem extremen Blattlausbefall. Erkundigen Sie sich nach den einzelnen Überwinterungsmaßnahmen für die jeweiligen Pflanzen. Achten Sie dabei auch auf den Rückschnitt, der bei vielen Kübelpflanzen vor dem Einräumen notwendig ist. Pflanzen dagegen, die ihre Blütenknospen für das kommende Jahr bereits im Herbst angesetzt haben (Beispiel: Hortensie) werden jetzt nicht zurückgeschnitten.

Auf Pflanzenmessen lässt sich am letzten Tag das ein oder andere Schnäppchen machen.

10 Schnäppchenjagd auf Pflanzenmessen

Gartenmessen sind als Treffpunkt nicht nur für Pflanzenproduzenten und Pflanzenhändler, sondern auch für den interessierten Hobbygärtner ein unbedingtes Muss. Messeaussteller aus nah und fern zeigen ihre Produkte in wundervollen Arrangements. Neben dem ästhetischen Genuss bieten Pflanzenmessen eine nicht geahnte Plattform für Schnäppchen besonderer Art. Einige Messeaussteller verkaufen am letzten Tag der Veranstaltung ihre Dekopflanzen für Niedrigpreise, wie sie anderswo nirgends zu finden sind. Sie können ungeniert feilschen um Bäume, Sträucher oder Jungpflanzen aller Art. Den ersten Schritt allerdings müssen Sie tun, da ein Verkauf auf Pflanzenmessen nicht vorgesehen ist. Besonders internationale Pflanzenaussteller aus Dänemark, Holland, Italien oder Spanien sind geradezu glücklich darüber, die Pflanzen nicht wieder verpacken und zurück ins Heimatland transportieren zu müssen. Nur Mut, zu 99 % sprechen auf Pflanzenmessen auch ausländische Firmenvertreter ausgezeichnet Deutsch oder Englisch. Treffen Sie vor dem Messebesuch jedoch einige Vorbereitungen (siehe nebenstehender Kasten).

Vorbereitungen für Messebesuche

- Lassen Sie sich vor der Messe Pflanzenkataloge der Ausstellerfirmen zu schicken. Adressen hierfür erhalten Sie am besten aus dem Internet.
- Überlegen Sie sich, welche Pflanzen für Sie in Frage kommen könnten.
- Informieren Sie sich in Gartencentern oder Gärtnereien über Preise der gewünschten Pflanzen, um die Preisangebote auf der Messe richtig einordnen zu können.
- Beschaffen Sie sich Informationsmaterial über die lokalen Gegebenheiten der Messe. Kenntnisse über Hallen- und Standnummern der gewünschten Aussteller sind nützlich und sparen Zeit.
- Besorgen Sie sich stabile Transportbehälter, wie beispielsweise Kartons, Kisten oder Eimer.
- Kümmern Sie sich bei einem Wunsch nach großen Ausstellungspflanzen um einen Kombiwagen oder Anhänger, falls diese nicht in der eigenen Familie vorhanden sein sollten.

Pflanzenpflege – gesund und kostenlos

Haben Sie erst einmal Ihre Pflanzen preisgünstig oder auf kostenlosem Wege besorgt, ist es an der Zeit, sich über die Pflege und die Gesunderhaltung der neuen Mitbewohner Gedanken zu machen. Schließlich wollen Sie Ihre Pflanzen lange und intensiv genießen können.
Die Grundvoraussetzung für gesunde Pflanzen ist ein lockerer, nährstoffreicher und humoser Boden. Natürlich besteht die Möglichkeit, sich mit synthetisch hergestellten Düngemitteln aus dem Gartencenter einzudecken. Sind Sie aber eher ökologisch eingestellt und wollen Geld sparen, sind die folgenden Unterkapitel genau das Richtige für Sie. Eine lückenlose Beschreibung von biologischen Pflegemöglichkeiten rund um den Garten wird nicht das Thema der folgenden zwei Seiten sein. Hierfür gibt es Bücher, in denen die verschiedenen Anwendungsmethoden für die einzelnen Gartenbereiche ausführlich nachzulesen sind. Vielmehr zeigen wir Ihnen einzelne Möglichkeiten, wie Sie mit einfachen und vor allem kostenlosen Mitteln Ihren Gartenboden und Ihre Pflanzen pflegen können.

Spartipps

1. Sammeln und gießen Sie mit Regenwasser.
2. Lockern Sie Ihren Boden.
3. Mulchen schützt und spart.
4. Verwandeln Sie Ihre Gartenabfälle zu Kompost.
5. Kostenloser Düngenachschub
6. Besorgen Sie sich Pferde-, Rinder- oder Geflügelmist.
7. Pflanzen schützen mit Jauchen, Brühen oder Tees.
8. Spritzbrühen zur Schädlingsbekämpfung
9. Locken Sie mit Unterschlupfplätzen oder blühenden Sommerpflanzen nützliche Insekten an.
10. Sorgen Sie für natürliche Barrieren.

So funktioniert's

1 Die Regentonne als Sparbecken

Pflanzen in Töpfen oder Kübeln, Stauden und Sommerblumen, Gemüsepflanzen sowie generell frisch gepflanzte oder gesäte Gartengewächse haben einen relativ hohen Wasserbedarf. Leitungswasser ist jedoch nicht nur ein kostbares Gut, sondern auch in vielen Regionen sehr kalkhaltig und deshalb gänzlich ungeeignet zum Pflanzengießen. Nutzen Sie was vom Himmel kommt und sammeln Sie Ihr eigenes Regenwasser. Sie sparen Geld und ihre Pflanzen bleiben gesund. Als Regentonnen können Sie alte Fässer oder runde Metallbehälter nutzen, die neu angestrichen sogar optische Reize in Ihrem Garten setzen. Denken Sie auch daran, lieber weniger, aber dafür intensiv zu gießen. Und vermeiden Sie nasse Blätter, das schützt vor Pilzkrankheiten.

2 Lockern Sie Ihren Boden

Eine gute Bodenstruktur ist maßgeblich entscheidend für das Wachstum und die Gesunderhaltung der Pflanzen. Lockern Sie regelmäßig Ihren Boden mit Sauzahn oder Hacke und sorgen Sie so für eine gute Durchlüftung. Das Umgraben ist mit Ausnahme von sehr schweren Tonböden nach neuesten Erkenntnissen allerdings nicht zu empfehlen. Denn es führt dazu, dass Sauerstoff liebende Organismen in tiefere Bodenschichten geraten, wo sie sprichwörtlich begraben werden.
Schweres Gerät, wie beispielsweise eine Motorhacke oder -fräse, sind für kleine oder mittlere Gärten ungeeignet und außerdem viel zu teuer in ihrer Anschaffung.

Sehr gut geeignet für die Jauchenherstellung sind alte Holzfässer.

3 Mulchen schützt und spart

Wussten Sie schon, dass Ihre Tomaten ganz heiß auf angetrockneten Grasschnitt sind? Bringen Sie Stroh, Laub, halbreifen Kompost oder Rasenschnitt in dünnen Schichten auf den Boden aus. Denn unter dieser Mulchschicht bleibt Ihr Gartenboden feucht, warm und locker und die Bodenfruchtbarkeit nimmt zu. Das spart Wasser und hält Ihre Pflanzen gesund und vital. Nutzen Sie die kostenlosen Gartenabfälle – Ihr Gartenboden mit seinen Millionen winzigen Mitbewohnern wird es Ihnen danken.
Oder besorgen sie sich frischen Rindenmulch vom Förster oder aus dem Sägewerk. Damit verschönern Sie Ihre Rabatten und halten zudem lästiges Unkraut zurück.

Lupinen schmücken Ihren Garten und reichern außerdem Stickstoff im Boden an.

4 Wertvoller Kompost aus Gartenabfällen

Vom eigenen Komposthaufen anstelle der kostenpflichtigen Biotonne wurde bereits berichtet. Jeder Gartenbesitzer sollte sich darüber im Klaren sein, dass die eigene gut verrottete Komposterde maßgeblich zu einer Verbesserung des Gartenbodens führt – und das ohne einen Cent dafür zu bezahlen. Nicht umsonst wird er oftmals als „das Gold im eigenen Garten" bezeichnet. Verbessern Sie mit Ihrem Kompost Bodenleben und Nährstoff- sowie Humusanteil in Staudenrabatten, Gemüsebeeten oder auch in verschiedensten Obstpflanzungen.

5 Kostenloser Düngenachschub durch Schmetterlingsblütler

Bepflanzen Sie freie Stellen Ihres Gartenbodens mit Pflanzen aus der Familie der Schmetterlingsblütler. Sie lockern mit ihren Wurzeln tiefere Schichten, bedecken den Boden und schützen ihn vor Auswaschung. Zusätzlich binden sie noch Stickstoff aus der Luft und sorgen so für einen nicht geringen Düngeeffekt. Die wichtigsten Schmetterlingsblütler sind die Luzerne, der Klee und die Lupine, die Sie in großer Anzahl an Waldrändern oder Böschungen finden können. Sammeln Sie doch einfach während eines Spazierganges ihre Samen oder kaufen Sie das entsprechende Saatgut. Die Lupine passt mit ihrer Blütenpracht in jede Staudenrabatte und sorgt nebenbei noch für kostenlosen Düngenachschub.

6 Besorgen Sie sich Pferde-, Rinder- oder Geflügelmist

Kennen Sie aus Ihrem Bekanntenkreis einen Rinder- oder Pferdebesitzer oder befinden sich eventuell Hühner in Ihrer Nachbarschaft? Mit Sicherheit haben Sie schon davon gehört, dass vor allem im Nutzgarten Tiermist als nährstoffreicher, organischer Dünger eingesetzt werden kann. Doch Vorsicht vor einem allzu sorglosen Ausbringen und einer folgenden Überdüngung Ihres Gartenbodens. Am besten Sie verkompostieren Ihren Tiermist erst und streuen ihn dann aus.

Riesenerdbeeren durch Elefantenäpfel

Kindheits-Erlebnis eines Hobbygärtners: Nie werde ich den Tag vergessen, als ein Zirkus mit großen Elefanten in unserer Kleinstadt eintraf. Also machte sich meine Oma auf den Weg, um den zuständigen Tierpfleger nach den Auswürfen der mächtigen Dickhäuter zu fragen. Schwerbeladen stand sie plötzlich mit zwei vollen Eimern in unserem Garten – freudestrahlend und stolz auf das Düngerschnäppchen. Eifrig verteilte sie die Elefantenäpfel zwischen den Erdbeeren und arbeitete sie gekonnt in den Boden ein. „Mal schauen, ob's was bringt", sagte sie zum Abschied. Niemals zuvor hatten wir drei Jahre lang so viele, so große und so wohlschmeckende Erdbeeren wie nach dieser „Zirkusnummer".

Schädlinge vertreiben

Lästige Blattläuse sitzen in Scharen an Ihrer Lieblingskletterrose, weißer Mehltaubelag streckt Ihre Gurkenpflanzen nieder – Sie kennen diese Situation, wenn Ihre Pflanzen oft scheinbar chancenlos tierischen Schädlingen und Krankheiten ausgeliefert sind. Zwei Möglichkeiten gibt es nun, diesem Problem zu begegnen: Entweder Sie begeben sich voller Ärgernis über die Plagegeister in den nächstgelegenen Gartenfachmarkt und kaufen teure Pflanzenschutzmittel oder aber Sie nutzen umweltfreundliche und zugleich kostengünstigere Möglichkeiten. Stärken Sie die Abwehrkräfte Ihrer Pflanzen, verwenden Sie selbst hergestellte natürliche Produkte und sorgen Sie für einen großen Nützlingsbestand in ihrem Garten als natürliche Gegenspieler zu tierischen Schädlingen.

7 Schützen Sie Ihre Pflanzen mit Jauchen, Brühen oder Tees

Jauchen, Brühen oder Tees ergänzen Ihre Pflanzen mit wichtigen Hauptnährstoffen (vor allem Stickstoff) und stärken darüber hinaus die Abwehr gegen Schädlinge und Krankheiten. Mit wenigen Handgriffen sind Sie herzustellen – und das zum Nulltarif. Die notwendigen Zutaten mit ihren wichtigen Inhaltsstoffen finden Sie im eigenen Garten oder aber während eines Spazierganges an Wald- und Wiesenwegen.

Für die Herstellung von Jauchen geben Sie die jeweiligen Pflanzenauszüge in ein Fass mit kaltem Wasser. Tägliches Rühren ist wichtig. Zur Vermeidung von unangenehmen Gerüchen decken Sie die Jauche mit einem Brett ab oder rühren Sie in den ersten Tagen eine Handvoll Steinmehl mit ein. Nach fünf bis sieben Tagen steigen die ersten Bläschen auf, die Jauche kommt zur Gärung. Jetzt kann Sie verdünnt über das Laub gegossen werden.

Jauchen, Brühen und Tees zur Schädlingsbekämpfung

Kräuter	Ausbringung (Verhältnis Substanz:Wasser)	Rezept	Einsatzbereich
Ackerschachtelhalm *Equisetum arvense*	Jauche (1:4) Brühe (1:4) Tee (unverdünnt)	1 kg frisches oder 150 g trockenes Kraut in 10 l Wasser	Echter und Falscher Mehltau, Rost, Schorf, Blattfleckenkrankheit bei Tomaten, Monilia, Kräuselkrankheit an Pfirsich
Brennnessel *Urtica diocia*	Jauche (1:10) Brühe (1:4) Tee (unverdünnt)	1 kg frisches oder 200 g trockenes Kraut in 10 l Wasser	Blattläuse
Echter Dost *Origanum vulgare*	Tee (1:3)	1 kg frisches Kraut in 10 l Wasser	Schildläuse
Echte Kamille *Chamomilla recutita*	Brühe (unverdünnt) Tee (unverdünnt)	50 g Blüten oder 100 g blühendes Kraut in 10 l heißes Wasser	Pflanzen stärkend
Gemeiner Beinwell *Symphytum officinale*	Jauche (1:10) Brühe (1:4) Tee (1:4)	1 kg frisches Kraut in 10 l Wasser	Blattläuse, Kaliumdüngung
Gemeiner Wurmfarn *Dryopteris filix-mas*	Jauche (1:2)	1 kg frisches oder 200 g trockenes Kraut in 10 l Wasser	Blatt-, Blut- und Schildläuse
Gewöhnliche Schafgarbe *Achillea millefolium*	Tee (1:10)	1 kg frisches, blühendes oder 100 g trockenes Kraut in 10 l Wasser	Echter Mehltau, Monilia und Kräuselkrankheit an Pfirsich
Knoblauch *Allium sativum*	Tee (unverdünnt)	700 g ungeschälte gehackte Knollen in 10 l Wasser	gegen Erdbeermilben und Pilzerkrankungen
Rainfarn *Chrysanthemum vulgare*	Tee (unverdünnt)	300 g frisches, auch blühendes oder 100 g trockenes Kraut in 10 l Wasser	Zwiebelfliege, Lauchmotte, Blatt- und Wurzelläuse, Kohlweißling, Apfelwickler
Schwarzer Holunder *Sambucus nigra*	Kaltansatz 1 Tag (1:5)	1 kg frische Blätter und Blüten in 10 l Wasser	Erdraupen, Kohlweißling
Wermut *Artemisia absinthium*	Jauche (1:2)	1 kg frisches oder 200 g trockenes Kraut in 10 l Wasser	Blatt-, Blut- und Schildläuse

Marienkäfer sind als besonders aktive Nützlinge in jedem Garten gern gesehene Gäste.

Zur Brühenherstellung werden frische oder getrocknete Kräuter 24 Stunden eingeweicht. Danach alles zum Kochen bringen. Nach dem Abkühlen können Sie die Brühe verdünnt (Verhältnis: siehe Tabelle) über Ihre Pflanzen gießen oder spritzen. Kräuter für Tees werden in heißem Wasser eingeweicht und in der Regel nach dem Abkühlen unverdünnt über die Pflanzen gespritzt oder gegossen. Die Teeherstellung gilt als schnellste Möglichkeit, Ihren Pflanzen zu helfen.

8 Seifenwasser gegen Blattläuse

Wussten Sie, dass sich mit Seifenwasser nicht nur der Bart des Mannes, sondern auch Blattläuse entfernen lassen? Geben Sie etwa 20 g Kernseife in 1 l heißes Wasser; das Verhältnis ist dann richtig, wenn es beim Umrühren der Seifenlauge gut schäumt. Damit bestreichen Sie anschließend bei kleinen Pflanzen die befallenen Stellen mit einem groben Haarpinsel oder einem Schwamm. Für große Pflanzen, wie beispielsweise Apfelbäume, benötigen Sie eine Pflanzenschutzspritze. Wiederholen Sie die Anwendung alle zwei Wochen.

9 Nützlinge anlocken und fördern

Als Nützlinge werden natürliche Gegenspieler von Pflanzenschädlingen bezeichnet. Florfliegenlarven, Marienkäfer, Igel oder Vögel haben die unterschiedlichsten Schädlinge auf ihrer Speisekarte. Eine Kohlmeise etwa frisst oder verfüttert in ihrem Leben mehrere Tausend Raupen und sorgt dafür, dass nicht jeder Kohlrabi bis aufs letzte Blatt abgeknabbert wird. Fördern Sie diese Tiere und betrachten Sie die Nützlinge als Ihre Verbündeten im Kampf gegen die unbeliebten Plagegeister. Die Nützlinge fressen sich satt und Ihren Pflanzen geht es wesentlich besser.

Mehr Nützlinge im Garten

- Locken Sie mit Blütenpflanzen – vor allem Korbblütler, wie beispielsweise die sich selbst aussäende Ringelblume – nützliche Insekten an, die den Pollen und Nektar zu ihrer Entwicklung benötigen.
- Bieten Sie den nachtaktiven Ohrwürmern mit Holzwolle gefüllten Blumentöpfen ein Tagesversteck.
- Pflanzen Sie Hecken aus Haselnuss, Weißdorn oder Hartriegel, die von Nützlingen als Rückzugsquartier genutzt werden können.
- Lassen Sie einen Reisighaufen ruhig mal liegen, denn er dient Igeln, Kröten oder Laufkäfern als Unterschlupf.
- Bestücken Sie Ihren Garten mit Beerensträuchern und Nisthöhlen und locken Sie damit Vögel an.

10 Natürliche Barrieren schaffen

Viele Schädlinge können mit Hilfe von natürlichen Barrieren von Pflanzen ferngehalten werden. Seien Sie kreativ und entwickeln Sie eigene Schutzsysteme für Ihren Nutzgarten. Schneiden Sie beispielsweise den Boden alter Joghurtbecher heraus und stülpen diese als Schneckenschutz über junge Salatpflänzchen. Die verbreiteten Bierfallen funktionieren ebenfalls, locken allerdings auch weitere Schnecken im Umkreis von 500 m an.
Oder basteln Sie sich Ihre eigenen Raupenleimringe, die Sie an den Apfelbäumen befestigen. Etwas Pappe mit einem nicht trocknenden Leim bestreichen und schon ist die Falle fertig. Die flugunfähigen Weibchen bleiben auf ihrem Weg zur Eiablage in die Apfelkrone daran kleben und Blätter und Blüten sind vor Ihnen geschützt.
Lassen Sie sich auch von anderen Pflanzenschutzsystemen im Gartencenter inspirieren. Der ein oder andere kostengünstige Nachbau gelingt bestimmt.

Viel Teich für wenig Geld

Nahezu jeder Gartenbesitzer sehnt sich nach Wasser im Garten. Erst ein gut gelungener Gartenteich bringt vielfältiges Leben, Kühle und einen lauschigen Platz, an dem es sich herrlich ruhen und ausspannen lässt, ins grüne Geviert unseres Grundstückes. Wasser im Garten lockt reiche Lebensgemeinschaften wie Vögel und vielerlei Kleingetier an, auf die man sonst verzichten müsste. Oft schreckt man vor den vermeintlich hohen Entstehungskosten eines Teiches zurück. Dass sich Ihr Wunsch auch zu meist erschwinglichen Preisen erfüllen lässt, sollen die folgenden Punkte – Schritt für Schritt – zeigen.

Ein Teich ist eine stimmungsvolle Bereicherung für jeden Garten.

Erfolgstipps für Gartenteiche

1. Vorhandenes nutzen
2. Gute Planung hilft, kostengünstig zu bauen.
3. Teichbaumaterialien unter die Lupe nehmen
4. Tipps und Kniffe helfen beim Bauen und Sparen.
5. Perfekte Ufersicherung mit Kapillarsperre
6. Sicherheit für Mensch und Tier ist unverzichtbar.
7. Trinkwasser ist kostbar – deshalb Regenwasser nutzen.
8. Pflanzen halten den Teich gesund.
9. Fische im Teich – pro und contra
10. Wie viel Technik ist nötig?

So funktioniert's

1 Vorhandenes nutzen

Man spart Kraft und Geld, wenn schon beim Hausbau der Gartenteich oder Bachlauf mit ausgehoben wird. Oft gibt es schon Senken, die nur noch auf die richtige Tiefe von 80 bis 120 cm gebracht werden müssen. Alter Baumbestand, Hecken und Sträucher (wenn nötig als Windschutz und Schattenspender) werden nicht angetastet, eventuell nur zurechtgeschnitten oder in das Bild des Wassergartens integriert. Auch Blütenpflanzen und wertvolle Gräser lassen sich umgruppieren. Dies spart teure Neupflanzungen.

2 Gut geplant ist halb gebaut

Auf Millimeterpapier werden alle bestehenden und geplanten Gegebenheiten eingetragen. Der Sonnenlauf ist zu beachten. Dort, wo es 4 bis 6 Stunden sonnig ist, ist der Platz ideal. Ge-

plant wird so groß wie möglich, da große Teiche weniger Probleme machen als kleine. Nachbarrecht bei Grenzabstand beachten spart Ärger. Der anfallende Aushub kann als Wall, Hügel oder Grenzaufschüttung Verwendung finden. Grassoden legt man mit dem Grün nach unten, das ergibt nach 1 bis 2 Jahren guten Humus. Versorgungsleitungen schon beim Hausbau in den Garten verlegen lassen. Nicht überbauen! Bauen kann man immer; preisgünstiges Material gibt es im Herbst, denn jeder Händler ist froh, wenn er sein Lager im Winter leer hat. Handeln lohnt sich (besonders bei Restposten).
Wenn Sie erfahren, dass Kanal- oder Straßenbauarbeiten anliegen, kann es vorteilhaft sein, wenn man mit dem Fahrer des Kleinbaggers spricht. Man spart dann die Anfahrt. Fehlt die eigene Kraft, so sollte man mehrere Angebote von Fachbetrieben einholen, um den Aushub günstig zu bekommen.

Nicht mehr Folie als nötig

Geplante Oberflächenlänge =	5 m
+ Tiefe: 1 m x 2 =	2 m
+ Teichränder: 0,5 m x 2 =	1 m
Benötigte Folienlänge =	8 m

Geplante Oberflächenbreite =	4 m
+ Tiefe: 1 m x 2 =	2 m
+ Teichränder: 0,5 m x 2 =	1 m
Benötigte Folienbreite =	7 m

Im Handel gibt es die Folien als Rollenware mit Breiten von 2 bis 8 m.

3 Materialwahl

Im Herbst gibt es im Fachhandel oder in Baumärkten teure Folien und Fertigteiche billiger. Achten Sie beim Kauf aber auf die unterschiedlichen Garantiezeiten. Ist ein alter Teich undicht oder die Folie nicht mehr vertrauenswürdig, braucht man den Teich nicht zu erneuern. Ausräumen, mit Hochdruckreiniger säubern und die neue Folie (5 mm dick genügt) drauflegen. Ansonsten erspart man sich Ärger, wenn man beim Kauf von Folien oder Fertigteichen (mindestens 70 cm tief) auf folgende Qualitätskriterien achtet: Garantie gibt es schon bis 20 Jahre. UV- und Temperaturbeständigkeit. Wurzel- und Druckfestigkeit sind unterschiedlich! Ebenso müssen Hitze- und Kältefestigkeit sowie Recyclingfähigkeit gesichert sein. Ein Reparaturset soll im ausgehandelten Preis enthalten sein. Je gerader die vorgesehene Fläche ist, umso weniger Folienverschnitt hat man. Ist man beim Folienkauf auf keine bestimmte Größe fixiert, kann man nach günstigen Rollenresten fragen.

4 Tipps und Kniffe

Vor Baubeginn den Platz von „Altlasten" säubern. Zum Abstecken des Teiches Gartenschlauch auslegen. Er ist auch als Wasserwaage verwendbar. Als Pflöcke Baumschnittgut verwenden. Den Aushub als Uferböschung oder zur Gartenmodellierung oder für die Neuanlage von Beeten nutzen. Boden und Seitenwände mit dickem Wattebausch abstreichen, um Spitzes und Scharfes zu entdecken. Teichbett mit Baufolie abdecken, wenn Regen angesagt ist. Folie vor der Verarbeitung im warmen Raum vorwärmen. Nicht nur unter Folien, sondern auch unter Fertigteiche Schutzvlies geben. Das erhöht die Lebensdauer! Folien- oder Fertigteichränder so abdecken, dass nichts mehr zu sehen ist. Auf so genannte „Teicherde" verzichten. Den Teichboden und die Flachwasserzone ohne Substrat lassen. Alle Pflanzen in Körbe mit Quarzkies geben. Um die Körbe größere Kiesel zum Kaschieren legen. Das funktioniert, spart Geld und sichert ungetrübtes Wasser!

Nach wenigen Jahren nehmen die Betonbausteine Patina an und wirken dann natürlicher.

Über eine Kette wird dem Teich das Traufenwasser direkt zugeführt – so sparen Sie Wasser.

5 Ufersicherung

Wasserverluste können teuer werden. Dem kann man schon bei der Fertigstellung des Teiches vorbeugen. Grundsätzlich darf durch Kapillarwirkung kein Wasser über den Teichrand hinauslaufen oder abtropfen. Die Folienränder werden so mit Steinen fixiert, dass sie etwa 10 cm senkrecht über den Wasserspiegel ragen. Bei Fertigteichen 20 bis 30 cm Kiesumrandung anbringen, damit weder Gräser noch Wurzeln von Stauden oder Gehölzen das Wasser überleiten können.

6 Sicherheit

Jeder Teich soll kindersicher sein und auch für Tiere nicht zur Falle werden können. Ihre Verkehrsicherungspflicht zwingt Sie dazu, das Grundstück so abzusichern, daß niemand zu Schaden kommen kann - am günstigsten mit einem fest verankerten Zaun. Ein gut verankertes Baustahlgitter, das auch knapp unter der Wasseroberfläche sein darf, bietet ebenfalls Schutz. Flach auslaufende Ufer, die dicht bepflanzt werden, Wurzelstubben oder Schotter verleiden bei großen Anlagen das Durchwaten und lassen den Tieren den Platz zur Nutzung. Grüner Maschendrahtzaun ist günstig und verhindert den Zugang, bis der Nachwuchs schwimmen kann. Es versteht sich, dass auch der zugefrorene Teich zu sichern ist. Wege und Stege sind kippsicher zu befestigen. Um Fehltritte zu vermeiden, gehört an Brücken und Stege ein stabiler Handlauf.
Sind im Garten elektrische Geräte in Betrieb, so sollte ein so genannter FI-Fehlerstromschutzschalter vorgeschaltet sein.
Alle Elektroinstallationen sind nur von Fachleuten zu installieren. Nicht am verkehrten Platz sparen!

7 Regenwasser nutzen

Trinkwasser ist zu teuer, um damit den Teich zu füllen oder die Pflanzen zu gießen. Deshalb rentiert es sich, wenn man das Regenwasser auffängt und damit den Teich füllt oder verdunstetes Wasser auffüllt.
Reicht das gesammelte Wasser nicht aus, so kann man es mit Leitungswasser strecken. Nach der Traufe über einem gelochten Eimer mit gewaschenem Kies (5 bis 7 mm) vorreinigen.

8 Pflanzen halten den Teich gesund

Klares Wasser durch Wasserpflanzen. Sie sind weit mehr als nur schöne Dekoration, denn sie produzieren lebenswichtigen Sauerstoff und reduzieren schädliche Stickstoff- und Phosphatverbindungen, die zur Veralgung führen. Sie wirken reinigend, entgiftend und manche Arten wirken sogar antibiotisch.

Pflanzen für „klare Verhältnisse“

Ähriges Tausenblatt	*Myriophyllum spicatum*
Ästiger Igelkolben	*Sparganium erectum*
Froschlöffel	*Alisma plantago-aquatica*
Hornkraut	*Ceratophyllum demersum*
Kalmus	*Acorus calamus*
Kanadische Wasserpest	*Elodea canadensis*
Steife Segge	*Carex elata*
Rohrkolben	*Typha*-Arten
Sumpfvergissmeinnicht	*Myosotis palustris*
Teichsimse	*Scirpus lacustris*
Wasserminze	*Mentha aquatica*
Wasserschwertlilie	*Iris pseudacorus*

9 Fische im Teich

Viele Menschen legen sich einen Teich nur der Fische wegen an. Sie erfreuen sich an ihrer Schönheit, dem interessanten Verhalten und der Pflege. Andere verteufeln Fische im Teich aus den unterschiedlichsten Gründen: Weil für die Fischpflege Technik nötig ist, allerlei Kleingetier auf dem Speisezettel der Fische steht oder gar die Gefahr der Faunenverfälschung befürchtet wird, wenn die Fische in natürliche Gewässer gelangen. Außerdem spielt der oft hohe Preis der bunten Schuppenträger, das Futter oder gar nötige Medikamente eine nicht unerhebliche Rolle.

10 Technik

Technik ist immer dann von Nöten, wenn Fische gepflegt werden oder das Wasser nicht klar ist. Beim Einsatz und vor allem beim Kauf ist Fachberatung unerlässlich. Günstige Angebote gibt es in Hülle und Fülle.
Wichtig ist neben einer guten Beratung stets auch das Preis-Leistungs-Verhältnis sowie die über die gesetzlichen Bestimmungen hinausgehenden Serviceleistungen! Ein „full-service-Paket“ kann hier die bessere Alternative sein!

Tipps

1. Vergleichen Sie Preise und kaufen Sie auf Garantie.
2. Im Herbst gibt's Folien und Fertigbecken meist preiswerter.
3. Lassen Sie den Teich gleich beim Hausbau ausheben oder achten Sie darauf, wo in der Nähe gebaut wird – so können Sie die Anfahrtskosten vom Kleinbagger sparen.
4. Nutzen Sie Regenwasser.
5. Für Naturteiche braucht man nur wenig Technik und hat geringe Unterhaltungskosten.

Wasser- und Uferpflanzen machen den Teich zu einem kleinen Gartenparadies.

Ein Steingarten soll es sein!

Steingärten kann man oft problemlos im Garten, auf Böschungen, Terrassen, neben Wegen, in oder auf Mauern, zur Garagenbegrünung oder in Trögen anlegen. Ein Alpinum, auch in Miniatur-Ausführung, wirkt überall durch die ansprechende Gestaltung und Blütenpracht. Beim Umgang mit Steinen, Pflanzen und knorrigen Wurzeln sind der eigenen Kreativität kaum Grenzen gesetzt. Werden dazu noch die folgenden Punkte beachtet, ist Ihnen der Erfolg sicher!

Erfolgstipps für Steingärten

1 Vorhandenes nutzen

2 Gut planen = sicher bauen und sparen

3 So wird man „steinreich".

4 Wann bauen und wo anfangen

5 Beste Drainage und optimales Substrat für guten Pflanzenwuchs

6 Mit Steinen, Wurzel und Pflanzen gestalten

7 Wo man günstig gesunde Pflanzen erhält

8 Richtig pflanzen

9 Was man alles zum Bauen braucht

10 Sorgfältige Pflege

Pflegetipps

Frühjahr: Alles Faule und Dürre entfernen. Hochgefrorene Pflanzen wieder andrücken und Splitt auf das Substrat geben. Aufgelaufene Wildkräuter und Baumsämlinge ganzjährig entfernen.
Sommer: Gießen, Düngen, Nachblüte durch Abschneiden der Stiele fördern. Samen rechtzeitig ernten und vermehren.
Herbst: Verwelktes entfernen. Nicht ganz Winterhartes abdecken, eventuell Laubschutznetz anbringen.
Winter: An Schnee sind unsere Pflanzen gewöhnt. Zum Schutz vor anhaltenden Kahlfrösten empfindliche Arten unbedingt mit Reisig oder Gärtnervlies abdecken. Manche Arten vor Wintersonne schützen. Aus Plexiglasresten lassen sich mit einem heißen Föhn kleine Tunnels als Winterschutz biegen.

So funktioniert's

1 Vorhandenes nutzen

Im Idealfall braucht man nur Bestehendes wie Böschungen, eine Fläche mit Neigung, einen Hügel oder eine Mauer zu verändern. Außerdem spart man Kraft und Geld, wenn bereits beim Haus- oder Teichbau ein Kleinbagger auf dem Grundstück ist. Zudem lassen sich vorhandene Bäume, Rankgitter oder Mauern als Schattenspender und Windschutz einplanen.

2 Planung

Immer auf Millimeterpapier einen Plan erstellen! Die Idealausrichtung eines Alpinums zeigt der Länge nach von Süd nach Nord. Ein reiner Südhang kann im Sommer problematisch werden. Hier wachsen nur extrem trockenheitsliebende Pflanzen. Im Idealfall liegt die Pflanzfläche im Morgen-, Nachmittags- und Abendlicht.
Planen und bauen Sie ohne Zeitdruck! Wichtig: Der Platz kann nie groß genug sein. Dabei immer Nachbarrecht beim Grenzabstand beachten. Ein Wasseranschluss sollte in der Nähe sein. Reicht die eigene Kraft nicht aus, unbedingt von mehreren Fachbetrieben Kostenvoranschlag machen lassen! Die Wege zur Anlage einplanen, ebenso den Ablageplatz für unbrauchbare Erde vom Aushub.

3 Steine

Besonders urig, wild gefurcht, zerklüftet oder löchrig wirken Steine am besten. Transportkosten spart man, wenn ein Steinbruch, Abriss (Garten, Terrasse), ein Stein- bzw. Baustoffhandel oder ein Gartencenter in der Nähe liegen. Beim Selbersammeln am Wegesrand müssen Eigentums- und Schutzbestimmungen Beachtung finden. Wählen Sie möglichst große Steinstücke und kein Gestein, das schnell verwittert oder zerfällt (weicher Sandstein, Schiefer usw.). Harter Tuff, Basalt-Granitbruch, harter Sandstein oder Gneis wirken ebenso gut wie jegliches Karbonatgestein.

4 Wann und wo fängt man an

Am besten baut man bereits im Herbst, dann können der Boden und das Gestein (bei Tuff) gut auswintern und sich setzen. Auf dem ausgewählten Platz wird der Boden 40 bis 60 cm tief ausgehoben und jeder Aufwuchs sowie alle Wurzelunkräuter restlos entfernt. Ausgesiebte Steine können wieder als Drainage dienen.

5 Drainage und Substrat

Je nach Gelände und Untergrund wird eine gute Drainage mit ausgesiebtem Baukies angelegt. Es eignen sich auch Zementbrocken (Bauschutt) oder Ziegeltrümmer. Alpine Pflanzen vertragen keine Staunässe! Manche der Pflanzen kommen ohne Spezialboden zurecht, andere stellen große Ansprüche an das Substrat (pH-Wert). Bei Spezialgärtnereien kann man Fertigsubstrat kaufen oder man mischt es selbst. Gutes Substrat ist locker, luftig, wasserdurchlässig und mager. Zum Beispiel: 1/3 Mainsand (2–3 mm) oder Quarzkies, 1/3 gebrochener Blähschiefer und 1/3 „Mix" aus wenig fasrigem Weißtorf und/oder gut verrottetem Humus mit etwas Vermiculit oder Perlit versetzt. Je nach pH-Bedürfnis braucht man alkalische oder saure Zuschlagstoffe.

6 Gestaltung

Die Steine werden von oben nach unten (nach Aufbringen von 30–40 cm Substrat) mittels Trage, Flaschenzug oder auf Brettern rutschend zum harmonischen Bild verlegt. Zeigen Spitzen nach oben, wirkt dies unharmonisch. Die Großen sollten, bis zu 1/4 eingegraben, mit der Schokoladenseite zum Beschauer hin unverrückbar ausgerichtet werden. Es empfiehlt sich ein Felsanteil von 50–70%. Platten senkrecht oder waagrecht anordnen. Viele Nischen und Felsbänder für die Bepflanzung schaffen sowie kleine bizarre Wurzelstücke dazwischenlegen.

7 Pflanzenkauf

Die Krönung des Alpinums sind die Pflanzen. Man kauft nach Pflanzplan. Auswahl nach Fachliteratur und Anregungen in öffentlichen Schauanlagen. Günstige Einkaufsmöglichkeiten erfährt man im Internet, auf speziellen Ausstellungen, bei Steingartenfreunden, Tauschbörsen und in Katalogen der Spezialgärtnereien. Bei so genannten Schnäppchen aus Baumärkten prüfen, ob die Pflanzen gesund sind. Topf umdrehen und nachsehen, ob die Wurzeln intakt sind. Vor dem Selbstsammeln ist abzuraten (Naturschutz); Züchterware wächst zudem besser!

8 Richtig pflanzen

Vor der Pflanzung alles Verwelkte und Faule entfernen. Löcher im Tuff anfeuchten, den Topf tauchen und das Substrat abfallen lassen. Dann vorsichtig mit den Wurzeln senkrecht nach unten einsenken, mit Substrat auffüllen, etwas verkeilen und um den Wurzelhals 1 bis 2 cm Splitt zum besseren Wasserabzug anhäufen. Nur bei bedecktem Wetter pflanzen! Bei heißem Wetter das frisch Angepflanzte abschattieren und am Abend einsprühen. Wo Zwiebel schlummern, mit Stäbchen markieren!

9 Werkzeug

Zum Bau und zur Pflege kann man vorhandenes Gartenwerkzeug verwenden. Zusätzlich braucht man noch eine große Pinzette, einen Löffel, eine Blumenspritze sowie Markierungsstäbchen (Zahnstocher) und ein schmales Handschäufelchen.

10 Sorgfältige Pflege – regelmäßige Kontrolle

Auflaufendes Unkraut wird entfernt. Gießen müssen Sie, wenn der Boden auszutrocknen scheint, mit einer Nebeldüse an Schlauch oder Gießkanne, gezielt mit Maß und Gefühl. Man gießt grundsätzlich nach Sonnenuntergang, wenn, nachdem man den Finger in das Substrat gedrückt hat, nichts mehr daran haften bleibt und kein Regen in Sicht ist. Billig und sehr gut für die Pflanzen ist gesammeltes Regenwasser! Bei starker Trockenheit und Windstille empfiehlt sich eine Abschattierung über die Mittagszeit (mit Rankgerüst, Netz oder wüchsigen Gewächsen in Kübeln). Gedüngt wird erst nach 1 bis 1,5 Jahren. Natürlich sind die unterschiedlichen Ansprüche der Pflanzen zu berücksichtigen. Stark wüchsige Blütenstauden brauchen exakt dosierten Flüssigdünger mit vielen Mineralstoffen. Man sollte immer etwas unter der Herstellerempfehlung bleiben und lieber öfter wenig Dünger als zuviel auf einmal verwenden. An regnerischen Tagen, immer im Wurzelbereich, nie in die Blüten düngen. Ab Juni nicht mehr düngen (fördert die Winterhärte).

Das begehrte Edelweiß wird inzwischen überall regelmäßig angeboten.

Kinderkram

Kinder lassen sich im Garten für so viele Dinge begeistern, dass es nicht eine 10-teilige Schaukelanlage oder eine aufwändige Kletterspinne sein muss, die viel Platz braucht und zusätzlich das Budget der Familie sehr strapazieren würde.
Die großen Spielanlagen können Sie auf dem Spielplatz in Ihrer Nähe besuchen.
Die meisten Kinder kommen auf Superideen, wenn man beim Ersten „Was soll ich tun?" nicht gleich tätig wird und versucht seinen kleinen Sprösslingen etwas Definitives vorzuschlagen. Geben Sie einfach nur einen Anstoß, wie zum Beispiel eine alte Decke, einige leere Körbchen, Kissen und einen alten Topf, und mit dem Hinweis auf Lagerbau, sind die Kinder dann oft den ganzen Nachmittag nicht mehr zu sehen. Was übrigens stets verdächtigt ist. Und erfahrene Eltern werden immer dann hellhörig, wenn es besonders ruhig wird. Eine kurze Stippvisite hilft in diesem Fall.

Spartipps

1 Planen Sie, was Sie kaufen wollen, und lassen Sie sich nicht zu mehr verführen. Man braucht nicht sehr viel, um Kinder glücklich zu machen.

2 Fragen Sie bei Familien mit älteren Kindern nach, ob sie etwas abgeben können. Das Spielverhalten ändert sich alle paar Jahre total und man braucht dann die alten Sachen einfach nicht mehr.

3 Auf dem Sperrmüll lassen sich oft vollkommen intakte Spielsachen finden.

4 Gehen Sie auf Secondhand-Märkte und in eben solche Läden.

5 Schauen Sie unter den Kleinanzeigen in den regionalen Kleinanzeigenzeitungen nach.

6 Bei Spielsachen, die sie länger brauchen oder die stark benutzt werden, lohnt sich Qualitätskauf.

7 Richten Sie eine Spielsachenecke im Keller, Speicher oder geschützt im Garten ein. Heben Sie hier alte ausrangierte Haushaltsgegenstände auf (Töpfe, Holzbretter, Betttücher ...).

8 Geben Sie jedem Kind einen kleinen Platz, wo Gartenschätze aufgehoben werden können (Schneckenhäuser, Kastanien, Wurzeln ...).

9 Kindersitzgelegenheiten und kleine Tische lassen sich aus Baumscheiben gefällter Bäume leicht selbst herstellen.

So funktioniert's

1 Gute Planung

Das meiste unnötige Geld gibt man dann aus, wenn man sich vom Angebot der Spielzeugläden oder Gartenmärkte zu zusätzlichen Einkaufen verführen lässt.
Es ist auch gar nicht so leicht, nicht das ein oder andere Unnötige mitzunehmen, was im Laden doch so wunderschön aussieht. Sind die Kinder mit dabei, ist es noch einmal schwerer, dem Betteln „Oh, wie schön, das hätte ich soooo gerne" nicht nachzugeben. Man sollte sich klar machen, dass vieles von diesen Sachen später zu Hause nur herumliegt und Platz braucht, aber dass nicht damit gespielt wird. Also zu Hause planen, keine Kreditkarte mitnehmen und nur so viel Geld, wie man höchstens ausgeben will. Was welches Spielzeug ungefähr kostet, können Sie den Katalogen der Versandfirmen entnehmen. Plant man den Einkauf eines größeren Spielgerätes, zum Beispiel eines Sandkastens, dann bitte vorher entscheiden, wo es im Garten stehen soll. Messen Sie vorher aus, damit der Platz auch ausreicht. Das ist besonders in kleinen Gärten sehr wichtig. Gegebenenfalls kaufen Sie eine kleinere Ausführung.

2 Von Familien mit älteren Kindern

Das Spielverhalten ändert sich bei Kindern unglaublich schnell. Saßen sie vor einigen Wochen noch stundenlang beim Sandkuchenbacken in der Kiste, schauen Sie jetzt nur noch den Fußball an und die Sandkiste ist ständig im Weg. Reagieren Sie daher flexibel und fragen Sie bei befreundeten Familien mit älteren Kinder nach. Hier bekommen Sie meist die Spielsachen umsonst, die für das Alter Ihrer Kinder passen. Und die Freunde sind froh, dass der Keller leer wird.

3, 4 + 5 Sperrmüll, Secondhand + Kleinanzeigen

Auf dem Sperrmüll, auf Secondhand-Veranstaltungen oder in den Kleinanzeigen finden Sie im Grunde fast alles, was Sie brauchen, und das erheblich günstiger. Die Termine entnehmen Sie der örtlichen Zeitung. Lassen Sie sich aber auch jetzt nicht zu Fehlkäufen verleiten. Hier scheint alles so billig, so dass es ja etwas mehr sein darf. Vergessen Sie nie, alles liegt später bei Ihnen zu Hause rum, braucht einen Platz und muss unter Umständen ständig aufgeräumt werden.

6 Qualität

Zu den Spielsachen, die oft und lange in Gebrauch sind, gehören vor allem Schaukel und Sandkiste. Eine Schaukel ist selbst für 14-Jährige noch schön (sogar für uns Erwachsene noch) und eine Sandkiste kommt immer einmal wieder in Mode, vorausgesetzt der Sand ist in Ordnung. Decken Sie daher den Sand immer ab, wenn nicht gespielt wird (Blätter, Erde und Katzen!)

7 Spielsachen-Ecke

Heben Sie alte ausrangierte Gegenstände auf. Das sind die schönsten Spielsachen – eben die Sachen der Erwachsenen – und die gibt's zum Nulltarif. Überhaupt ist das beste, wenn die Kinder beim Spielen ihre eigene Fantasie einsetzen. Es ist doch so viel schöner, Schneckenhäuser, Steine und Wurzeln im Lager gegen Feinde zu verteidigen oder aus Gras, Holz und Blumenblättern eine Suppe zu kochen, als mit irgendeinem Plastikteil genau das zu tun, was der Hersteller vorschreibt. Und für die gesamte Persönlichkeitsentwicklung ist es ausgesprochen gut, wenn man sich in den verschiedensten Situationen zu helfen weiß und gute Ideen hat.

Kinder müssen im Garten nicht immer beschäftigt werden. Im Gegenteil: Die schönsten Ideen kommen ihnen von ganz alleine.

Daran nicht sparen

Alle Geräte, ob Schaukel oder Klettergerüst, müssen absolut sicher, robust und geprüft sein. Wer es noch nicht gesehen hat, weiß gar nicht, wie viele Kinder im Zweifelsfall auf eine Schaukel passen und wie wild es dann immer noch dort zugeht.

Regelmäßig sollten Sie kontrollieren, ob die Spielgeräte voll intakt sind. Dazu gehören allem voran die Seile, zum Beispiel von der Schaukel, die durch Wind und Wetter morsch werden können oder durchgescheuert sind. Des Weiteren sind es alle Schraub- und Steckverbindungen. Ist etwas locker, wird es festgeschraubt. Verrostetes muss ausgetauscht werden.

Auch am Sand sollte nicht gespart werden, vor allem, wenn man noch Kleinkinder hat. Abgepackter Markenspielsand ist frei von Scherben oder anderem Material, das zu Verletzungen führen könnte.

8 Schatzkammer

Lassen Sie jedes Kind irgendwo im Garten seine Schatzkammer einrichten – für Schneckenhäuser, Wurzeln, Steine. Das kostet nichts und Sie werden merken, dass immer seltener kommt: „Mir ist langweilig, was soll ich tun."

9 Stühle und Tische

Kindermöbel lassen sich schnell aus Holzscheiben oder Holzabfällen selbst herstellen (Sägewerk oder beim Förster fragen). Denn vergessen Sie nicht, dass der heute gekaufte kleine Plastikstuhl schon zwei Jahre später zu klein geworden ist und dann entsorgt werden muss (oder zum großen Ärgernis im Garten herumliegt).

Eigenes Gemüse- und Kräuterbeet

Die ersten selbst gezogenen und geernteten Radieschen oder Tomaten aus dem eigenen Gemüsebeet gehören sicherlich mit zu den eindruckvollsten Erfahrungen, die man als Kind machen kann. Und nie wieder wird ein Radieschen so gut schmecken wie eben dieses Erste.

Ein Kinderbeet ist eine wirklich preiswerte Angelegenheit. Extra Gartenhandschuhe, bei kleinen Kindern eine Kinderschaufel, eventuell eine Handharke (= Handgrubber oder Handkultivator) für wenige Euro reichen oft aus. Dazu kommen natürlich Samen und Pflanzen. Lassen Sie ihren Sprössling selbst auswählen, was er oder sie säen und pflanzen will. In Gartenbüchern und Katalogen finden Sie Bilder zu den verschiedensten Pflanzen. Die Gemüse kennt Ihr Nachwuchs vielleicht noch, aber sicherlich nicht alle Blumen.

Das wird gebraucht

1. ein Stück Beet mit guter (!) fruchtbarer Gartenerde in Sonne oder Halbschatten
2. Kinder-Garten-Handschuhe
3. Kinderschaufel, wenn das Kind noch klein ist
4. irgendeine Schürze
5. kleine Handharke (Handgrubber oder Handkultivator), muss nicht unbedingt sein, aber die Kinder kommen einfach besser damit zurecht als mit großen Geräten und sie können während der Wachstumszeit die Erde immer schön krümelig halten.
6. Gießkanne (keine spezielle Kinder-Gießkanne, die Kanne für die Zimmerpflanzen erfüllt denselben Zweck)
7. Samen oder Jungpflanzen

Und so wird's gemacht

1. Zuerst wird geplant: Grenzen des Beetes festlegen. Pflanzen auswählen. Samen und Pflanzen einkaufen.
2. Stecken Sie die Grenzen des Kinderbeetes ab.
3. Jeder soll sein Gartenstück selbst von Unkraut und Steinen befreien.
4. Nun mit dem Handkultivator die Erde krümelig vorbereiten und glatt rechen.
5. Aussäen und pflanzen.
6. Angießen nicht vergessen.
7. Nun kann alles verschönt werden, durch ein Zäunchen oder einen bemalten Stein.
8. In den folgenden Wochen muss Unkraut gerupft und gegossen werden.

Mit ein wenig Hilfe werden die Kinder den Boden sehr gut vorbereiten.

Wichtig: Ein Kinderbeet braucht einen sonnigen Platz.

Tipps

- Haben Sie viele Schnecken, dann sollten Sie in einen Schneckenzaun fürs Kinderbeet investieren. Denn nichts ist enttäuschender, als wenn die Ernte im Schneckenbauch landet. Alle anderen Schneckenbekämpfungsmaßnahmen sind entweder zu unsicher oder für Kinder nicht geeignet.
- Zusätzlich kann ein kleiner Zaun aus Hölzchen ums Beet gebaut werden. Kinder machen das ganz gerne. Witzig sind auch schmückende Gegenstände wie eine kleine Vogelscheuche. Geben Sie Anregungen und verlassen Sie sich dann auf die Kreativität Ihrer Sprösslinge.

Kinderpflanzen

Name	Nährstoffe und Wasser	Pflanzabstand in cm	Vermehrung	Ernte	Besondere Hinweise
Gemüse					
Cocktailtomate	hoher Nährstoff- und ausgeglichener Wasserbedarf	20 x 25	Aussaat	Sommer bis Herbst	Jungpflanzen auf dem Markt kaufen
Erbse	hoher Nährstoff- und ausgeglichener Wasserbedarf	40 x 80	Aussaat	Sommer	beliebt
Kohlrabi	höherer Nährstoff- und ausgeglichener Wasserbedarf	25 x 30	Aussaat	Knolle ab einem Durchmesser von 6 cm	Vorziehen auf der Fensterbank
Radieschen	ausgeglichener Nährstoff- und Wasserbedarf	10 x 15	Aussaat	etwa 5 Wochen nach Aussaat	super einfach
Zwiebel	ausgeglichener Nährstoff- und mittlerer Wasserbedarf	10 x 20 bis 25	Steckzwiebeln, Aussaat	August bis September	Steckzwiebeln einfacher und schneller; große Blüten
Kräuter & Erdbeeren					
Bohnenkraut	ausgeglichener Nährstoff- und mäßiger Wasserbedarf	20 x 15	Aussaat	frisches Grün vor der Blüte	Duft
Erdbeere	mittlerer Nährstoff- und ausgeglichener Wasserbedarf	20 bis 25	Ableger	Früchte ab Frühsommer	Naschpflanze
Kresse	ausgeglichener Nährstoff- und Wasserbedarf	dicht	Aussaat	einige Tage nach der Aussaat	schnell wachsend
Petersilie	mittlerer Nährstoff- und ausgeglichener Wasserbedarf	15 x 20	Aussaat	wenn man etwas braucht	Aussaat langwierig, lieber Jungpflanzen kaufen
Schnittlauch	mittlerer Nährstoff- und Wasserbedarf	20 x 20	Teilung, Aussaat	wenn man etwas braucht	auffallende Blüten
Name	**Pflege**	**Blüte**	**Blütenfarbe**	**Vermehrung**	**Besondere Hinweise**
Blumen					
Hornveilchen	ausgeglichener Nährstoff- und Wasserbedarf	Mai bis Juli	Violett	Aussaat	beliebt
Ringelblume	ausgeglichener Nährstoff- und Wasserbedarf	Mai bis September	Gelb, Orange, Rosa	Aussaat	große Blüten
Sonnenblume	hoher Nährstoff- und Wasserbedarf	Juli bis September	Gelb mit brauner Mitte (Farben nach Sorte)	Aussaat	sehr große Blüten, sehr empfehlenswert
Vergissmeinnicht	geringer Nährstoffbedarf, hoher Wasserbedarf	März bis Juni	Blau	Aussaat	dankbarer Blüher

Wasserspaß und Spritzvergnügen

Wasser ist einfach der ungeschlagene Kinderstar – am besten noch in Verbindung mit Erde. Für „Baggerschlamm"-Spiele lassen die Kinder jedes Computerspiel liegen – zu mindestens bis zur Pubertät. Meistens reichen den Kindern schon eine Wasserwanne und einige Schiffe oder schwimmende Dinge aus, um sich stundenlang zu beschäftigen.

Floß selbst gebaut

Das wird gebraucht:

1 Holzbretter

2 verschieden große Nägel

3 Stoffreste

4 wasserfester Stifte oder auch Filzstifte

5 Klebestift

6 dünne und kleine Stangen oder Zweige, zum Beispiel von Bambus

7 Schnur und Schere

8 Hammer, Zange, Säge

So wird's gemacht

1 Floßgrundform: Bretter in Hausform mit Spitzdach zusägen, die Größe ist dabei egal. Je größer das Haus, desto größer das Floß.

2 Hauptmast: Einen größeren Nagel in der hinteren Hälfte mittig komplett einschlagen. Umdrehen. Einen dickeren Zweig oder ein Vierkantholz auf die durchgeschlagene Nagelspitze aufsetzen und mit dem Hammer einklopfen.

3 Um den Floßrand kleine Nägel einschlagen, so dass sie noch herausschauen. Diese mit Schnur umwickeln (damit keiner der Plastikmännchen später über Bord geht).

4 Großsegel bauen: Zwei kleine Zweige auswählen. Ein Stück Stoff zuschneiden, Höhe wie der Großmast, Breite wie die beiden kleinen Zweige. Stoff nach Lust und Laune bemalen. Nun die Zweige oben und unten auf den Stoff legen und den letzten Zentimeter umschlagen und festkleben. Trocknen lassen.

5 Das Segel mit Schnur am Mast befestigen.

6 Leinen los und schwimmen lassen.

Achtung!

Bleiben Sie beim Floßbau dabei, besonders, wenn die Kinder noch nicht alt genug sind, um mit Säge und Hammer umzugehen. Gegebenenfalls müssen Sie diese Arbeiten übernehmen.

Wichtig: Kinder im Garten sollten einen Impfschutz gegen Tetanus haben. Fragen Sie Ihren Kinderarzt.

Wenn es für den Wasserspaß langsam zu kalt wird:
Im Herbst lassen sich aus Rosskastanien besonders schöne Männer, Frauen und Kinder basteln.

1 Das braucht man für ein Floß

1 *Ein Floß zu bauen ist weder schwer noch aufwändig und teuer. Außerdem hat man viel Spaß dabei. Hier sehen Sie die Materialien, die benötigt werden.*

2 Hauptmast und Segel

2 *Helfen müssen Sie unter Umständen, wenn der Hauptmast eingeschlagen werden soll. Die ausgesägten Dreiecke am Bug des Floßes können hinten aufgenagelt werden.*

3 *Die Reling wird aus kleinen Nägeln gestaltet, um die die Kinder eine dünne Schnur wickeln können. Achtung: Den Abstand zwischen den Nägeln nicht zu weit wählen.*

3 Die Reling

4 *Los geht's zur großen Fahrt. Geladen wird alles, was Spaß macht: Schatztruhe, Männchen, Schneckenhäuser oder die Muscheln aus dem letzten Urlaub.*

4 Leinen los

Lagerbau und Beutezug

Wenn es darum geht ein Lager zu bauen und Beute zu machen, ist die Fantasie mancher Kinder kaum zu bremsen. Eine alte Decke, Körbchen und Topf, ein Rucksack auf den Rücken und auf geht's zum Kinderspaß zum Nulltarif.
Die richtige Ecke fürs Lager findet der Nachwuchs meist von ganz alleine. Falls Sie sehr wertvolle Gehölze im Garten stehen haben, sollten sie die Kinder darauf hinweisen, damit diese dann nicht gerade für den Unterschlupf auserkoren werden und zu Schaden kommen. Vorab noch einige Sicherheitshinweise, damit Ihren Kindern im Garten nichts passiert.

Kindersicherheit

1 Am einfachsten und sichersten ist es, keine Giftpflanzen im Garten anzubauen, besonders keine mit giftigen Beeren, so lange man noch Klein- oder Grundschulkinder im Haushalt hat. Falls Sie darauf jedoch nicht verzichten wollen, müssen Sie Ihren Kindern diese Pflanzen zeigen und die Giftigkeit erklären. Und das immer wieder!
Kleinere Kinder und selbst Grundschulkinder müssen dann trotzdem beaufsichtigt werden, weil sie die Gefahr nicht richtig einschätzen können. Schwierig wird es auch mit Nachbarskindern, die vielleicht noch nie etwas von giftigen Pflanzen gehört haben.
Im Spiel vergisst der Nachwuchs schnell, was die Eltern vorher gesagt haben. Selbst Pflanzenkenner und -kennerinnen wundern sich darüber, dass ausgerechnet ihre Kinder, denen man schon zigmal von der Gefährlichkeit der Eibe erzählt hat, ausgerechnet eben unter dieser Pflanze mit Plastiktüten herumrutschen, und das, obwohl es noch jede Menge ungefährlicher Rutschplätze gibt.
Giftpflanzen im eigenen Garten bedeuten stets erhöhte Aufsichtspflicht!

2 Gartenteiche stellen immer eine Gefahr dar, selbst wenn sie sehr flach sind. Kleinkinder und Kinder, die nicht sicher schwimmen können, darf man nie unbeaufsichtigt mit und an einem Gartenteich lassen.

3 Schauen Sie immer einmal wieder im Garten nach Ihren Kindern und deren Spielgefährten. Besonders wichtig ist das, wenn alles ganz ruhig ist oder geworden ist.

4 Am besten ist es, wenn sich der „Kinderspielplatz" im Blickbereich eines Fensters und in unmittelbarer Nähe des Hauses befindet.

Das wird gebraucht

- alte ausrangierte Haushaltssachen
- Rucksack
- Schmusetiere oder Ähnliches, was mitspielen soll

Sie werden erstaunt darüber sein, was sich Kinder mit Naturmaterialien so alles einfallen lassen.

Kaufladen: Alles frisch aus dem Garten

Aus dem Beutegut lässt sich einfach ein Kaufladen bestücken. Dann sind die Schneckenhäuser der Schmuck, Steine das Brot, Rosskastanien Äpfel und Gras der Spinat. Entweder kaufen die Kinder gegenseitig bei sich ein, dann ist es eine Art Tauschladen, oder sie legen ein Zahlungsmittel fest, zum Beispiel Ahornblätter.
Spannender ist es natürlich, wenn die Erwachsenen einkaufen und mit etwas bezahlen, was den Kindern gefällt, zum Beispiel mit einem Tagesabschluss-Eis. Das wird dann garantiert der krönende Ausklang eines wunderschönen Tages.
Die restliche Beute kommt in die Schatzkammer, die jedes Kind irgendwo auf seinem Grundstück hat. Sie werden sich wundern, was sich da im Laufe eines Sommers so alles ansammelt.

Was es da so alles gibt – im eigenen Kaufladen. Der Fantasie sind hier keine Grenzen gesetzt.

Leckerer Haselnüsse, die es ohne Nußknacker zu knacken gilt, da vergisst man schon einmal den Lagerbau.

Wenn Mama und Papa zum Einkaufen kommen, dann will man schon einiges anbieten können.

Kästen, Kübel und Töpfe braucht man immer

In der Regel stehen Pflanzgefäße im Rampenlicht – ob auf der Terrasse, am Hauseingang oder am Sitzplatz. Und wer träumt nicht von italienischer Terrakotta. Doch um glücklich zu sein, müssen es nicht unbedingt die echten, dickwandigen und hochgebrannten Töpfe aus Impruneta sein. Klassischen, einfachen Kunststoff-Balkonkästen verhilft ein farbiger Anstrich zu neuem Glanz. Oder aber man befüllt diese meist grünen Kästen mit besonders stark wüchsigen und überhängenden Pflanzen wie Harfenstrauch, Kapuzinerkresse oder Surfinia-Petunien. Sie hängen sich rasch so weit über den Kasten hinaus, dass von dem Gefäß selbst bald nichts mehr zu sehen ist.
Besonders preiswert und vielseitig nutzbar sind auch Haushaltsgegenstände, die nicht mehr gebraucht werden und somit prima als Pflanzgefäß dienen können. Beispiel: eine Badewanne aus Kunststoff- oder Metall, Eimer oder in die Jahre gekommene Weidenkörbe sowie ein Metall-Fahrradkorb.

Spartipps

1 Preise vergleichen und auf Sonderangebote achten
2 Fabrikverkauf und Sonderaktionen nutzen
3 Sparen durch 2. Wahl-Kauf
4 Bei größeren Mengen Rabatte aushandeln
5 Günstige Angebote im Garten-Versandhandel nutzen
6 Sperrmüll – ein idealer Ort für Fundstücke
7 Flohmärkte und Wohnungsauflösungen nutzen
8 Holztröge aus Holzresten selber bauen
9 Gemüse- oder Obstkistchen aus dem Supermarkt bepflanzen
10 Gefäße mit Rinde und Hölzern verkleiden
11 Verzierungen mit Mosaik- Steinchen
12 Flower-Power für alle Gefäße durch Serviettentechnik

Patina schon in kurzer Zeit

Tontöpfe mit einem weiß-grauen, etwas bröseligen Belag und eingetrockneten Moosresten haben ihren besonderen Reiz. Wer es sich leisten kann, kauft sich diese beliebten Stücke teuer. Wer experimentierfreudig und nicht in Eile ist, probiert es so: Feuchten Sie ausgewählte Tontöpfe leicht an und streichen Sie sie mehrmals mit Naturjoghurt oder Buttermilch ein. Durch die Milchsäure siedeln sich rasch Moose und Algen an und die Schicht verwittert bald.

So funktioniert's

1 Günstig einkaufen

Kübel, Kästen und Töpfe werden in der Regel erst zur Pflanzzeit im Frühjahr benötigt. Dann ist die Auswahl auch am größten. Wer Geduld hat, kauft jedoch besser zum Saisonende im Herbst ein. Viele Geschäfte verkleinern in dieser Jahreszeit die Angebotsfläche, um den Platz für Herbst-Accessoires und später für die Weihnachts-Deko zu nutzen. Häufig werden jetzt günstige Auslaufmodelle und Einzelstücke angeboten. Vor allem in Gartencentern, Heimwerkermärkten, in Gartenabteilungen von Kaufhäusern und so genannten Billig-Kaufhäusern ist so manches attraktive Schnäppchen zu machen. Achten Sie auf die Werbung in der Tagespresse.

2 Fabrikverkauf – Schnäppchenjäger on Tour

Bei Sonderverkäufen sowie beim Fabrikverkauf gibt es häufig bis zu 30 % Rabatt. Unbedingt auf die Werbung achten und in Fachgeschäften danach fragen.

3 Auch Macken können sich auszahlen

In nahezu jedem größeren Geschäft werden so genannte 2. Wahl-Produkte mit kleinen Fabrikationsfehlern und Auslaufmodelle angeboten, auf die es erhebliche Preisnachlässe gibt. Falls Sie keine entsprechende Schnäppchen-Ecke in Ihrem Gartencenter finden, fragen Sie den Verkäufer danach.

4 Mengenrabatt

Bei einem größeren Bedarf an Gefäßen, sollten Sie in jedem Fall über einen Mengenrabatt mit dem Verkäufer sprechen. Wenn Nachbarn und Freunde ebenfalls Bedarf haben, lohnt sich auch eine Sammelbestellung.

Alte Blumenkästen mit Acryllack grundieren und nach Belieben bemalen. Witzig, allerdings nicht besonders wetterfest: das Aufkleben von weißen Federn.

5 Der Versandhandel bietet tolle Preise

Eine preislich sehr interessante Auswahl finden Sie in den Katalogen des Garten-Versandhandels. Der Portoanteil ist bei großen, namhaften Anbietern meist erheblich günstiger als bei den kleineren, spezialisierten Versendern. Nachteil beim Versand: Die Bruchgefahr von Terrakotta-, Ton- und Keramik-Gefäßen lässt sich trotz sorgfältiger Verpackung nicht immer vermeiden.

6 Zum Nulltarif – Recycling heißt das Zauberwort

Bevor Sie Ihre ausrangierten Haushaltsgegenstände zum Sperrmüll geben, sollten Sie sie unbedingt auf eine andere Verwendung hin überprüfen. Eine Badewanne oder eine große Waschschüssel aus Zink oder Email beispielsweise können ebenso gut als Pflanzgefäß dienen wie ein Kartoffel- oder Wäschekorb mit kleineren Abnutzungserscheinungen. In die Zink- oder Email-Gefäße Wasserabzugslöcher bohren und dann direkt bepflanzen. Weidenkörbe oder Holzkisten zuvor nach Belieben neu streichen, gut trocknen lassen und mit fester Folie auskleiden. Eine dicke Drainageschicht aus Kieselsteinen oder Tonscherben hineingeben und dann erst das Gefäß mit Erde auffüllen. Auch ein ausgedienter Römertopf oder eine Kasserolle aus Email können bepflanzt ganz pfiffig aussehen. Außerdem: An Sperrmülltagen kann es sich lohnen genauer hinzusehen, was andere entsorgen. Denn oftmals müssen völlig intakte Dinge schweren Herzens weggegeben werden, da sich die Bedürfnisse und Platzverhältnisse verändert haben.

7 Kenner gehen zu Wohnungsauflösungen

Achten Sie in der Tagespresse, Stadtanzeigern und kostenlosen Anzeigenblättern auf Flohmärkte und Wohnungsauflösungen. Neben dem üblichen Hausrat kann man dort auch Kübel, Kästen und Holztröge, oftmals sogar bepflanzt, super preiswert erstehen.

8 Elegante Holzkübel

Mit Holzbrettern lassen sich Blumenkästen in beliebiger Größe anfertigen. Wenn Sie keine geeigneten Bretter in Ihrem Hobby-Keller haben, halten Sie im Baumarkt nach Restposten Ausschau und fragen Sie nach Abfallstücken. Das Holz können Sie nach einer Grundierung in allen erdenklichen Farben streichen. Vor dem Bepflanzen den Kasten mit einer festen Folie auskleiden und zunächst unbedingt eine dicke Drainageschicht aus Tonscherben oder Kieselsteinen hineingeben und dann erst mit Pflanzerde auffüllen. So wird Staunässe vermieden, die für die meisten Pflanzen vernichtend ist. Genauso gut kann man einen Holztrog oder Kasten auch als Übertopf nutzen.

9 Quartier für Hungerkünstler

Gemüse- oder Obstkistchen aus Sperrholz, die es kostenlos in jedem Supermarkt zum Mitnehmen gibt, eignen sich nicht nur als Utensilien-Lager für Krimskrams. Man kann sie auch wunderbar mit Hungerkünstlern wie Mauerpfeffer, Steinbrech, Hauswurz oder Kakteen bepflanzen. Dazu die Sperrholzkistchen entweder naturfarben belassen oder nach Belieben mit vorhandenen Farbresten anmalen und gut trocknen lassen. Die Kiste mit Folie auskleiden, eine dicke Schicht Kieselsteine hineingeben, mit sandiger Erde auffüllen und Hungerkünstler wie Dachwurz, Fetthenne oder Echeverie hineinpflanzen. Die Pflanzkiste möglichst regengeschützt platzieren.

10 Naturlook

Kleinere und größere Schönheitsfehler an Pflanzgefäßen lassen sich durch einen Mantel aus Rinde und Aststücken (auf gleiche Länge geschnitten) verkleiden. Wenn das Material dafür nicht beim Rückschnitt im eigenen Garten anfällt, dann fragen Sie bei Sammelstellen der Städte und Gemeinden nach. Dort fällt zur Schnittzeit im Frühjahr und Herbst Unmengen teilweise gut verwertbares Material an, von dem Sie sich nach

Rücksprache mit dem Bauhof sicherlich kostenlos etwas nehmen dürfen. Sehr schön macht sich Birkenrinde oder eine bemooste Borke im Wechsel mit Astabschnitten. Die Naturmaterialien gleichmäßig und dicht an die äußere Gefäßwand anlegen und mit Draht oder dekorativer Schnur befestigen.

11 Töpfe mit bunten Steinchen verzieren

Der Mosaik-Look ist ein Trend der Superlative. Gekaufte Mosaik-Töpfe kosten meist ein kleines Vermögen. Zum Selbermachen brauchen Sie Mosaiksteinchen, Fliesenkleber, Fugenmasse und einen Tontopf. Diese Zutaten gibt es im Bastelladen. Wenn Sie noch Fließenreste zu Hause haben können Sie auch diese verwenden oder einfach im Fließenfachgeschäft nach einer Handvoll Einzelstücken (können auch beschädigt sein) fragen. Die ganzen Fließen durch einen Schlag mit dem Hammer brechen.

12 Übertöpfe mit Streifen, Karos oder Blüten

Mit der Serviettentechnik lässt sich nahezu jedes Motiv auf jeden erdenklichen Topf applizieren. Die Utensilien dazu – Grundierung, Kleber und Pinsel – bekommen Sie im Bastelbedarf oder in der Hobby-Ecke im Gartencenter.
Eine weitere, einfache Art ist das Bemalen von Töpfen. Damit die Farbe auch gut haften bleibt, die Gefäße ein, zwei Tage zuvor unbedingt mit einer Bürste oder einem groben Küchenschwamm gründlich reinigen, mit heißem Wasser spülen und an einem warmen Ort gut trocknen lassen. Danach die Außenfläche ein- bis zweimal grundieren und dann das gewünschte Motiv mit dem Pinsel und Farbe oder mit Paintmarkern (Schreibwarengeschäft, Hobbybedarf) auftragen.

Top(f)-Fit in die Saison starten

- Pflanzgefäße reinigen: Bevor es ans Pflanzen geht, sollten Sie alle gebrauchten Gefäße vom Vorjahr innen und außen gründlich reinigen. Zunächst die alte Erde restlos entfernen. Anschließend die grob gereinigten Gefäße in eine Wanne mit Wasser tauchen und gründlich abbürsten. So wird die Übertragung von eventuellen Krankheitserregern aus dem Vorjahr vermieden.
- Kalkablagerungen und Algen entfernen: Wer nicht mit Kalkablagerungen, Algenresten oder Salzausblühungen an seinen Töpfen leben möchte, versucht es nach der Grundreinigung mit einem Essig-Bad. Dazu die Gefäße über Nacht in Essig-Wasser (450 ml Essigessenz/15 Liter Wasser) legen. Danach mit reichlich Wasser abspritzen und gegebenenfalls nochmals abbürsten. Auch ein Tauch-Bad über Nacht in rohem Kartoffelschalen-Wasser soll Wunder bewirken. Die unschönen Ausblühungen lassen sich danach mit einer Bürste gut entfernen.
- Schon beim Auspflanzen an die Bewässerung denken: Zu den besten, aber auch kostspieligsten Systemen gehören ein computergesteuertes an den Wasserhahn angeschlossenes Schlauchsystem und eines mit Tonkegeln. Für den kleineren Geldbeutel sind so genannte Speichermatten interessant. Diese kann man leicht in jede beliebige Topfgröße zuschneiden. Die Speichermatte wird vor dem Einfüllen der Erde auf den Gefäßboden gelegt. Sie hält Gießwasser fest und gibt es bei Bedarf wieder ab.

Unterschiedliche Topfmaterialien

Material	Vorteile	Nachteile	gut zu wissen
Keramik	– große Auswahl in vielen Farben – relativ gut Wasser durchlässig	– recht teuer, oft nicht frostfest	– wird oft ohne Wasserabzugsloch angeboten
Kunststoff	– gibt es schon sehr preiswert – Wasserverdunstung im Vergleich zu Terrakotta gering – ideal für Pflanzen, die viel Wasser brauchen – geringes Eigengewicht, daher gut zu transportieren – Riesen-Gefäße z.B. in Terrakotta-Optik für Kübelpflanzen und Gehölze	– bei anhaltendem Regen kommt es gern zu Staunässe	– Farbe verbleicht mit den Jahren – gelten als frostfest und unverwüstlich
Terrakotta	– passend für nahezu allen Pflanzen Terrakotta – aus Tunesien (auch als Sahara-Töpfe im Handel) ist weißlich und in der Regel preiswerter als rote	– oft sehr teuer, besonders wenn aus Impruneta/Italien oder England kommend – Feuchtigkeit verdunstet rasch	– etwas Besonderes – glasierte Töpfe halten Wasser besser – Gefäße innen mit wasserundurchlässiger Farbe bestreichen (weniger Ausblühungen)

1 *Materialien: Tontöpfe, Acrylfarben in verschiedenen Tönen, breite und feine Pinsel, verschieden breite Klebebänder, eine Schere.*

2 *Die Töpfe mit unterschiedlich breitem Band in verschiedenen Abständen abkleben, entstehende Streifen bunt bemalen und, wenn die Farbe trocken ist, die Klebestreifen wieder abziehen.*

3 *Auf die Streifen mit einem feinen Pinsel Muster aufmalen. Die Motive gegebenenfalls mit einem Bleistift dünn vorzeichnen.*

4 *Die fertigenTöpfe können sich sehen lassen. Wenn Sie sie direkt bepflanzen, vorher ein Loch in den Boden schlagen und die Innenseite mit Klarlack bestreichen.*

So kommen Ihre Kübelpflanzen gut über den Winter

Ob Pflanzgefäße den Winter über im Freien schadlos überstehen, hängt in erste Linie davon ab, wo und wie sie stehen und hat natürlich auch etwas mit der Qualität bzw. Elastizität des Topfes zu tun. Kübel aus Terrakotta oder Ton können in der Regel draußen überwintern. Vorausgesetzt die Töpfe stehen an einem geschützten Ort, trocken und auf kleinen Holzklötzchen, Steinen oder Terrakottafüßchen. Bodenkontakt sollte unbedingt vermieden werden, damit überschüssiges Wasser immer gut abfließen kann. Das durch Frost verursachte Einfrieren und wieder Auftauen dehnt das Erdvolumen immer wieder aus. Risse und Platzen des Topfes sind die Folge, besonders bei nasser Erde. Bei Kunststofftöpfen kommt hinzu, dass sie porös werden und im Frühjahr beim Hochnehmen ganze Stücke herausbrechen. Kübelpflanzen und Gehölze im Freien müssen auch im Winter hin und wieder gegossen werden. Achten Sie stets darauf, dass das Wasser ungehindert ablaufen kann, und dass es ein paar Zentimeter Bodenabstand hat. Ideal wäre, wenn Sie die Pflanzgefäße an die Hauswand rücken könnten. In rauen Lagen die Pflanzen durch Abdecken mit Koniferenzweigen schützen; die Gefäße mehrfach mit Noppenfolie umwickeln.

Mobiliar für das kleine Budget

Möblieren sie Ihren Garten, machen Sie ihn wohlig und richten Sie ihn so komfortabel wie nur möglich ein. Sitzgruppen aus Tisch und Stühlen oder Bänken braucht man immer. Sie sollen bequem sein, damit man dort in fröhlicher Runde essen und Feste feiern kann.

Hier sollen aber Groß und Klein auch spielen und arbeiten können. Denn es macht im Garten mehr Spaß, für die Schule zu büffeln, Briefe zu schreiben, zu lesen oder zu handarbeiten. Zum Relaxen lädt eine Liege oder der Sessel mit Fußhocker ein. Ein Sonnenschirm oder Sonnensegel sorgen wie Bäume, Sträucher und variable Kübelpflanzen für Schutz und Gemütlichkeit.

Im Freien wird aber auch Stauraum gebraucht, wie ein Regal, das multifunktionell ist und Gartengeräte, Blumentöpfe sowie dekorative Accessoires aufnehmen kann.

Spartipps

1 Einfache Kunststoff-Möbel kaufen, mit Farbe und Deko aufpeppen.

2 Kleinanzeigen und Haushaltsauflösungen nutzen, um echte Schnäppchen zu machen.

3 Auf Deponien für Bauschutt Ziegelsteine, Fliesen und Spiegel für Dekozwecke sammeln.

4 Mit einfachen U-Steinen aus Beton tolle Möbelstücke bauen.

5 Bei Händlern, Handwerkern oder Transportunternehmen supergünstig Holz- oder Obstkisten, Euro-Paletten und Kabeltrommeln besorgen.

6 Stühle, Tische, Liegen, Regale vom Sperrmüll aktivieren, reparieren und mit Farbe neu aufmöbeln.

7 Biertisch-Garnituren ganz individuell gestalten.

So funktioniert's

1 Kunststoff-Möbel aufpeppen

Schlichte, weiße Kunststoff-Möbel bekommen mehr Pep, wenn Sie die Kanten in Gelb, Blau, Rot, Grün, Pink, Violett, Braun oder Schwarz betonen. Dafür brauchen Sie Kunststoff-Farbe, die mit einer kleinen Schaumstoff-Rolle aufgetragen wird. Damit alle Linien schön gerade verlaufen, die Farbstreifen einfach mit Klebeband begrenzen. Bevor sie ihre Lieblingsfarbe in zwei dünnen Schichten auftragen, den Untergrund eventuell mit feinem Sandpapier etwas aufrauen. Ist die Farbe trocken, wird das Klebeband abgezogen.

Passend zum Farbstreifen können sie Tisch, Stuhl, Hocker oder Liege mit einem Dekor in Serviettentechnik oder Schablonen-Malerei schmücken.

2 Fundgrube Kleinanzeigen

Kleinanzeigen und Meldungen von Haushaltsauflösungen sind eine echte Fundgrube. Die meisten Sachen werden super günstig abgegeben. Wichtig: Frühzeitig hingehen und gucken, wenn die Auswahl noch groß ist. Die erstandenen Möbelstücke – vielleicht eine urige Eckbank fürs Gartenhaus – können Sie mit wetterfestem Lack auffrischen und so gartentauglich machen.

3 Fundstücke von der Bauschutt-Deponie

Auf Abbruchgelände (immer nur nach Rücksprache mit der Bauleitung betretbar, Warnhinweise beachten!) und Bauschutt-Deponien kann man Ton-Ziegelsteine, Fliesen und Spiegelreste sammeln. Eine saubere Sache sind Restposten vom Baumarkt

Im Garten, auf dem Balkon oder der Terrasse: Rankgerüste setzen Akzente und geben Kletterpflanzen den nötigen Halt.

oder Fliesenhändler. Aus Hohlblocksteinen oder Ziegeln und alten Backblechen, Grillrosten oder -Böden von Metallschränken kann man stabile Regale bauen. Einfach die Ziegel in Fachhöhe aufmauern, den Fachboden auflegen, die nächsten Seitenstützen aufmauern, Boden auflegen und so weiter.
Mit Fliesenbruch oder Spiegelscherben lassen sich Tischplatten, Tabletts und Pflanzgefäße in attraktivem Mosaik-Look bekleben. Das Mosaik probeweise auf eine Papierschablone arrangieren. Den Kleber passend zum Untergrund aussuchen (im Baumarkt), die Fugen nach Belieben mit Farbe abtönen.

4 Sitzmöbel und Tisch selber bauen

Rustikal und einfach sind Möbel aus U-Steinen. Diese Betonteile sind in zwei Größen und in mehreren Farben im Baumarkt erhältlich. Bei der grauen Version kann man mit Fassadenfarbe selber den Farbton bestimmen.
Aus zwei großen U-Steinen und drei sowie vier druckimprägnierten Brettern, die mit Querleisten verbunden werden, entsteht im Nu eine wetterfeste Bank. Man kann den Sitz und eine Rückenlehne aber auch an zwei große Metallwinkel schrauben und diese auf den U-Steinen befestigen (siehe Zeichnung).
Aus einem U-Stein plus Holzsitz entsteht ein Hocker, mit Rückenlehne wird daraus ein Sessel. Passend zu den Sitzmöbeln den Tisch arbeiten. Für die Tischbeine jeweils zwei kleine U-Steine Rücken an Rücken mit Zementmörtel zusammenkleben.
Ein anderes Motiv entsteht, wenn die U-Steine mit den Seitenkanten oder aber mit der Öffnung zueinander aufgetürmt werden. Die Tischplatte in beliebiger Größe in der Machart von Sitz- und Rückenlehne der Bank fertigen. Und die Tisch-Ecken längs und quer Latten schrauben, in welche die Tischbeine einrasten sollen.

Tischplatte aus Holz in variabler Größe

Für die Tischbeine können kleine U-Steine in verschiedener Art und Weise übereinander gestellt und mit Zementmörtel zusammengeklebt werden.

Eine große Bank, die den Sitzplatz komplett macht, entsteht aus zwei U-Steinen, schmalen Brettern und zwei Metallwinkeln.

Materialien und ihre Vorzüge

Material	Vorteile	Nachteile
Holz	– wirkt natürlich und warm – leicht zu ver- und bearbeiten – erfüllt individuelle Wünsche	– ohne Schutz anfällig für Holzschädlinge und Pilzbefall
Kunststoff	– robust, witterungsbeständig – nahezu wartungsfrei – geringes Gewicht – preisgünstig	– bietet wenig Änderungsmöglichkeiten – wird mit den Jahren brüchig – fällt bei Wind leicht um
Metall	– formstabil – sehr leicht (Aluminium)	– sehr schwer (Stahl und Eisen) – in der Anschaffung teuer

Beispiele für geräumige Regale aus Obstkisten

Podest aus Paletten: Schlagen Sie rund um die Paletten Vierkanthölzer ein (auf Mitte der Stoßlinie), damit die Paletten nicht verrutschen.

5 Kabeltrommeln, Obstkisten und Euro-Holzpaletten

Große Kabeltrommeln (Baumarkt, Elektrogroßhandel) ergeben tolle Tischchen. Dafür jeweils zwei runde oder quadratische holz- oder kunststoffbeschichtete Platten besorgen: eine kleine als Tischfuß und eine große als Tischplatte. Sie werden von unten an die Wangen der Kabeltrommeln geschraubt. Beim Farbanstrich können Sie dann Ihrer Fantasie freien Lauf lassen.

Aus Obstkisten (vom Großmarkt oder aus Warengenossenschaften) kann man geräumige Regale (siehe Skizze ganz oben) für Töpfe, Geräte und Accessoires bauen.

Zeichnung ganz oben: zwei Kisten quer nebeneinander stellen (die Öffnungen stets nach vorne) und mit Schrauben verbinden, auf diese untere Reihe mittig eine Kiste hochkant stellen und festschrauben. Darauf dann wieder zwei Kisten quer befestigen. Die vier Ecken turmhoch mit Kanthölzern verkleiden: Das sieht schön aus und macht das Regal stabil. Holzlasur und Holzlack schützt es und bringt Farbe ins Spiel.

Aus Euro-Holzpaletten (gibt's bei Speditionen) entsteht neben dem Gartenteich ein Sonnen-Deck für die Liege oder hinten in der Gartenecke ein Podest für die Sitzgruppe (siehe Skizze links unten). Ein wasserdurchlässiger Untergrund aus Kies oder Splitt verringert die Fäulnisgefahr. Jeweils drei Vierkant-Pflöcke an den Ecken und einen Pflock an den Stoßkanten auf Mitte einschlagen, damit die Paletten nicht verrutschen.

6 Spermüll-Termine beachten

Genieren Sie sich nicht, bei Sperrmüll-Terminen mit offenen Augen und einem bequem zu beladenden Auto durch die Straßen zu fahren. Am Straßenrand stehen ausrangierte Gartenmöbel, die oftmals mit nur wenig Aufwand neuen Glanz bekommen. Manchmal genügt schon eine gründliche Reinigung. Stoff-Bespannungen von Stühlen und Liegen können sie mit Markisenstoff-Resten (gibt's günstig als Restposten beim Fachhändler) erneuern. Den alten Bezug als Schablone verwenden oder danach einen Papierschnitt anfertigen. Die großzügig bemessenen Randzugaben des neuen Bezuges umlegen und mit Textilkleber fixieren. In den stabilen Stoff Ösen einschlagen und den Bezug mit Kunststoff-Wäscheleine Ton in Ton oder kontraststark am Rahmen befestigen. Mit einer Kunststoff-Wäscheleine, die eine Faserverstärkung hat, kann man auch bei Metallstühlen und -liegen brüchige Kordel-Bespannungen erneuern. Die Reparatur am besten an einem warmen Tag ausführen, dann dehnt sich das Kunststoff-Seil besser.

Nehmen sie vom Sperrmüll ruhig den etwas blassen Sonnenschirm mit. Muster können sie mit Textilmarkern nachmalen oder neu kreieren. Unifarbene Bespannungen kann man in der Waschmaschine mit Textilfarbe lichtecht auffrischen. Den Stoff vorher waschen oder noch feucht ins Farbbad legen. Feucht sollte er auch sein, wenn sie den Schirm damit wieder neu bespannen.

Witzige Deko für die Garten-Party: Ein kahles Gestänge, über das ein blaues oder grünes Vogelschutz-Netz locker drapiert wird. Der Sonnenschirm-Ständer kommt mit etwas Farbe auch wieder zu neuen Ehren: Man kann ihn einfach komplett anmalen oder freihand und mit Schablonen oder Serviettentechnik bunt dekorieren. Latten und Sprossen von Holzmöbeln lassen sich mit farbigem Lack aufpeppen. Vorher Risse und Löcher mit Flüssigholz füllen und nach dem Trocknen die reparierten Stellen sowie alte Farbschichten glatt abschleifen. Alles entstauben, bevor Farbe aufgetragen wird. Großflächige, verwitterte Farbschichten lassen sich durch Abbeizen entfernen. Lackfarbe verleiht auch Metallmöbeln neuen Glanz. Rostige Stellen vorher mit Meninge (Baumarkt) schützen. Unansehnliche

Schöne Gartenmöbel aus Holz müssen nicht unbezahlbar sein.

Tischplatten aus Stein abschleifen und neu versiegeln. Bei Metall-Möbeln lassen sich auch brüchige Kunststoff-Beschichtungen reparieren. Offene Stellen bis aufs blanke Metall abschmirgeln und das Möbelstück dann gründlich reinigen. Ist es trocken, Rostschutz nach Anleitung auf dem blanken Metall auftragen. Die schadhaften Stellen mit elastischer Spachtelmasse füllen. Diese gut trocknen lassen und sorgfältig glatt schleifen, um einen perfekten Übergang zu schaffen. Eventuell über die reparierten Stellen später matten Klarlack aufsprühen.

7 Biertisch-Garnituren

Diese praktischen Klappmöbel sind sehr günstig zu haben und tolle Objekte für kreative Ideen. In der Regel ist das Metallgestell grün oder anthrazit lackiert und das Holz naturbelassen. Farbe kommt ganz einfach ins Spiel, wenn Sie Tisch- und Sitzflächen passend zum Sonnenschirm lackieren.
Oder: Alles petrolblau lackieren und die Kanten bei Tisch und Bänken rundum weiß. Auf die Flächen dann freihand weiße Streublümchen aufmalen: in kleinen Gruppen, die sich zum Rand hin auflösen.
Oder: Für Tisch und Bänke bodentiefe Schonbezüge (Hussen) nähen. Dafür als Mittelteil einen Stoffstreifen in Tischbreite nehmen, der so lang ist wie der Tisch plus zwei mal die Tischhöhe. Dazu zwei Stoffstreifen als Seitenteile in der Länge und Höhe des Tisches zuschneiden. Bei allen Teilen ringsum für die Nähte 2 cm zugeben. Wichtig: den Stoff vor dem Zuschneiden waschen und bügeln. Am langen Stoffteil die Größe der Tischplatte markieren und alle Kanten außerhalb dieser Markierung schmal umsäumen. Ebenso bei den Seitenteilen die untere Längskante sowie die kurzen Kanten verfahren. Die ungesäumte Kante dann an die markierte Kante des langen Stoffteils steppen. Die fertige Husse im oberen Bereich an den vier Ecken etwa 15 cm lang von Hand zunähen oder auf dieser Höhe Schleifen zum Zubinden annähen. Bank-Hussen mit entsprechenden Maßen ebenso anfertigen.

Gartenmöbel überwintern

Stühle und Tische aus Vollkunststoff oder Metall dürfen an einem geschützten Ort unter einer wetterfesten Haube draußen bleiben. Vor dem Einpacken sollten Sie sie mit einem guten Haushaltsreiniger oder einem Dampfreiniger säubern. Holzmöbel stellen Sie besser in den Keller oder in die frostfreie Garage, um Frostrissen vorzubeugen. Den groben Schmutz vorher abbürsten. Im Frühjahr gründlich putzen und dann auch eventuelle Schäden reparieren.

Pfiffige Deko-Ideen zum Nachmachen

Mit etwas Fantasie, Experimentierfreude und handwerklichem Geschick eröffnen sich für jeden grenzenlose Möglichkeiten, den Garten mit Selbstgemachtem aufzupeppen.
Ob fantasievoll bemalte Flusskieselsteine, Deko-Figuren zum Aufstecken, Rankgerüste aus Metall oder selbst gemachte, in Beton gegossene Blattmotive als Beeteinfassung – mit Accessoires lassen sich schöne Akzente setzen. Nur eine einzige selbst kreierte Trittplatte mit Kieselsteinen ist der Hingucker zwischen herkömmlichen Betonplatten am Hauseingang, im Gartenweg oder auf der Terrasse.
Am preiswertesten sind natürlich all diejenigen Objekte, die Sie aus Naturmaterialien selber machen.

Spartipps

1 Preise vergleichen

2 Sonderangebote und Lagerverkäufe nutzen

3 Steine zum Nulltarif: Flußkiesel bemalen

4 Blüten und Tiere zum Aufstecken fürs Blumenbeet

5 Windspiel aus Metallrohr

6 Blattschmuck aus Beton zur Beeteinfassung oder als Deko

7 Beton-Trittplatten mit Stein-Mosaik

8 Namensschilder rasch selbst gemacht

9 Rankhilfen aus Metall für Beet und Topf

10 Dekofiguren aus Heu und Stroh

***Eulenfamilie aus Flusskieseln:* Zum Bemalen Decormatt-Farben verwenden. Als Schnabel ein Steinchen gold bemalen und aufkleben.**

So funktioniert's

1 Preisvergleich

Accessoires für den Garten sind in der Regel recht kostspielig, vor allem, wenn sie wetterfest sein sollen. Das heißt, hier müssen sie nicht nur Wind und Dauerregen trotzen, sondern auch der Sonne. Ganz gleich ob Gartenkugeln, Tonfiguren, Kletterhilfen, Namensschilder oder Windrädchen: Qualität hat in der Regel ihren Preis. Es rentiert sich also, wenn das Produkt mit Prädikaten wie wetterfest, lichtbeständig oder farbecht ausgezeichnet ist. Wenn es sich beim Kauf um so genannte Trendobjekte und Messeneuheiten handelt, kann es sich auch auszahlen, eine Saison verstreichen zu lassen. Grundsätzlich ist es sinnvoll den Preis des Objektes in mehreren Geschäften und auch im Versandhandel zu vergleichen, denn die Preise können trotz des empfohlenen Herstellerpreises differieren. Oft wird auch etwas Ähnliches wesentlich günstiger angeboten.

2 Sonderangebote nutzen und auf Lagerverkäufe achten

Nahezu rund ums Jahr bieten Gartencenter, Heimwerkermärkte und Warenhäuser saisonale Sonderangebote im Dekobereich an. Außerdem laden Hersteller- und Versandfirmen regelmäßig zu Lagerverkäufen ein. Hier werden Einzelstücke der auslaufenden Kollektion und solche mit kleinen Schönheitsfehlern mit erheblichen Preisnächlässen angeboten.

3 Schöne Steine gibt's zum Nulltarif

An Bächen, Flüssen und Seen finden Sie jede Menge Steine, die sich sehr gut zum Bemalen eignen. Wasserfeste Farben gibt es im Baumarkt oder Bastelladen (auch hier lohnt es sich die Preise zu vergleichen!). Ob Sie die Steine mit Blüten verzieren oder Tiermustern, ist Geschmacksache. Die kleinen Dekostücke machen sich schön im Vorgarten, am Hauseingang oder als zusätzlicher Blickpunkt im Topf einer Kübelpflanze.

4 Blumenstecker sehen immer und überall gut aus

Farbenfrohe Dekostecker sehen toll aus und sorgen für gute Stimmung. Zum Selbermachen bietet sich Holz an. Am besten besorgen Sie sich im Baumarkt eine Leimholzplatte (auch nach Resten fragen!). Das gewünschte Motiv, zum Beispiel Blüte, Herz oder Fisch, auf Papier vorzeichnen, ausschneiden und die Konturen auf die Holzplatte übertragen. Darauf achten, dass möglichst wenig Abfall entsteht. Die Motive mit der Stichsäge aussägen, und nach Belieben bemalen und zuletzt mit Klarlack wetterfest überziehen.

1 ***Fisch-Motive mit einem Bleistift auf eine dünne Leimholzplatte aufzeichnen, mit einer Stichsäge aussägen und noch ein Loch für den Stecker bohren.***

2 ***Mit einem dünnen Pinsel Bastelfarben nach Belieben auftragen. Damit die Fische wetterfest werden, müssen sie anschließend unbedingt mit Klarlack überzogen werden.***

1

3 ***Diese Fische sorgen bestimmt für Aufsehen. Sie werden einfach auf Holzstäbe gesteckt und in Beeten oder Töpfen platziert.***

2

3

5 Ein Windspiel ist dekorativ und wirkt beruhigend

Windspiele sind etwas für Romantiker. Je klangvoller die Rohre, zum Beispiel aus Metall (zum Selbermachen bieten sich Alu- oder Kupferrohre an), Holz oder Bambus, umso schöner die Musik, die durch den Wind in Gang gesetzt wird.

Am besten hängt man Windspiele an einer freien Stelle in Bäumen auf oder platziert sie in Sträuchern und in Sitzplatznähe. Diese Materialien brauchen Sie, um ein Windspiel selbst zu basteln: ein langes Stück Aluminium- oder Kupferrohr (mindestens 60 cm für 3 Rohre oder 100 cm für 5 Rohre, besser mehr), eine Metallsäge, eine Bohrmaschine mit Holz und Metallbohrer, ein Holzscheibe sowie Fäden zum Befestigen der Rohre.

6 Beton-Blätter als Beeteinfassung

Dafür eine mindestens 15 cm dicke Styroporplatte besorgen, das gewünschte Motiv etwa 5 cm tief ausschneiden. Ein stark geadertes Blatt, zum Beispiel von Rhabarber, Federmohn oder Farn bereit legen. Die Vertiefung mit einem Sand-Zement-Gemisch (im Verhältnis 2:1 mit etwas Wasser anrühren) oder Maurermörtel auffüllen. Das frische Blatt so stark aufdrücken, dass sich die Blattadern im Beton zeigen; und wenn die Masse leicht angetrocknet ist, vorsichtig wieder entfernen. Das Ganze gut trocknen lassen. Nach etwa zwei, drei Tagen, wenn der Beton restlos abgetrocknet ist, das Blattmotiv aus der Styropor-Schablone lösen. Wer kein Betongrau mag, rührt Terrakotta-Rot oder -Weiß unter das Beton-Gemisch.

1 *Material, wie in Tipp 7 angegeben, bereit legen. Die gewünschte Größe der Platte auf ein Stück Papier zeichnen. Mit den Kieselsteinen verschiedene Muster probeweise auslegen. Den Favoriten liegen lassen. Die Holzlatten zu einem stabilen Rahmen zusammennageln.*

2 *In einer Schüssel Zement und (Quarz-)Sand (1:3) vermischen. Nach und nach etwas Wasser zugeben, bis ein dicker, gleichmäßiger Brei entstanden ist. Folie auf Boden oder Arbeitsplatte auslegen, Holzrahmen auflegen und die Masse hineingeben. Den Zementbrei fest andrücken.*

3 *Die Kieselsteine nach dem Muster in die feuchte Zementmasse legen. Mittig beginnen, die Steine leicht andrücken. Unebenheiten durch Druck mit einem Holzbrettchen ausgleichen. Die Platte mindestens ein bis zwei Tage trocknen lassen, erst dann aus dem Rahmen lösen.*

4 *Der Aufwand hat sich gelohnt. Fertig ist Ihr eigenes Stein-Mosaik, das so Ihre Terrasse, den Weg durch den Vorgarten oder andere Gartenecken verschönert. Sie können natürlich auch mehrere Platten aneinanderlegen, wenn Sie eine größere Mosaikfläche haben möchten.*

7 Trittplatte als Hingucker

Ob Sie nun ein paar Trittsteinplatten für den Rasen, das Gemüse- oder Kräuterbeet brauchen, den gleichförmigen Belag des Gartenweges oder des Sitzplatzes unterbrechen wollen: Trittplatten in Kieselstein-Mosaik-Optik sorgt für Pep. Das Anfertigen ist zwar recht zeitaufwändig, lohnt sich aber in jedem Fall. Denn die Trittplatten werden Ihre ganz persönliche Handschrift tragen. Die Zutaten sind relativ preiswert. Sie brauchen einen kleinen Sack Zement und Sand oder Quarzsand, 4 Holzlatten, 5 cm breit, 2 cm dick, die Länge nach Belieben, Nägel und Hammer. Außerdem: Schöne Kieselsteine, eine Plastikschüssel, Gummihandschuhe, Folie und – wenn Sie das Ganze glänzend wollen – eine Dose Lackspray.

8 Pflanzenetiketten im Nu selbst gemacht

Pflanzschilder erinnern uns daran, welche Samen wir ausgesät haben. Zu den preiswertesten Varianten gehören große Tonscherben, zum Beispiel von einem Gefäß, das zu Bruch gegangen ist, oder etwas größere Steine, auf die mit einem wasserfesten Stift einfach der Pflanzenname geschrieben wird. Zuvor müssen Scherben oder Steine allerdings mit Wasser und einer Bürste gründlich gereinigt werden. Damit auch lange Namen Platz haben und möglichst im Maxi-Format geschrieben werden können, nur große Steine oder Tonscherben verwenden. Eine witzige, allerdings recht aufwändige und etwas teurere Variante sind Pflanzetiketten aus gebogenem Bastel-Draht (1,5 – 2 mm Draht-Stärke). Fröhlich stimmen Etiketten aus Moosgummi (Bastelbedarf). Aus dem wetterfesten bunten Material unterschiedliche Motive schneiden und mit einem wetterfesten Stift beschriften. An einer Seite kleine Löcher stechen, Bindedraht durchziehen und um grüne Bambusstäbe wickeln. Alle genannten Modelle sind garantiert wetterfest und können im kommenden Jahr wieder verwendet werden.

Einjährigen Kletterpflanzen, die unbedingt Halt brauchen, wie Feuerbohnen oder Duftwicken, können Sie mit selbst gebauten Kletterpyramiden helfen.

9 Aus Baustahlmatten werden attraktive Kletterpyramiden

Können Sie mit einem Bolzenschneider und einem Schweißgerät umgehen? Dann können Sie für wenig Geld die schönsten Kletterpyramiden (siehe Foto) in beliebiger Größe selber machen. Dazu im Baustoffhandel Baustahlmatten mit 15 x 15 cm Maschenweite besorgen oder auf dem Schrottplatz danach fragen. Die zugeschnittenen Stahlmatten pyramidenförmig in beliebiger Größe zusammenschweißen. Suchen Sie eine pflegeleichte, absolut wetterfeste Lösung, empfiehlt es sich noch ein paar Euro zu investieren und das fertige Gerüst zum Verzinken zu geben.

10 Gesichter aus Heu und Stroh

Die Aufsehen erregenden, fröhlichen Gesichter (siehe Foto) lassen sich einfach und relativ schnell fertigen. Dazu zunächst ein Bündel Heu oder Stroh lockern und in eine runde Form bringen, währenddessen das Material kreuz und quer mit Blumendraht (von der Rolle) umwickeln. Den Kopf lagenweise verdicken, bis er die gewünschte Größe hat. Dann beispielsweise einen Maiskolben am unteren Ende mit Steckdraht umwickeln und mit dem überstehenden Draht tief in den Kopf stecken. Als Augen zum Beispiel Lampionblumen andrahten und oberhalb der Nase reinstecken. Als Mund eignen sich Pfefferschoten und für die Haarpracht des Strohkopfes kleine Bastbüschel. Zuletzt den Kopf fest auf einen beidseits angespitzten Stab stecken und beliebig platzieren, in einem Pflanzgefäß oder in einer Gießkanne.

Heumarie heißt Gäste willkommen. Dieser witzige Heukopf kommt immer gut an, ganz gleich ob er in einer alten Gießkanne (wie hier auf zwei Bambusstäben) steht oder auf einem alten Besenstiel im Blumenbeet oder Pflanzkübel.

Licht im Garten

Eigentlich widerspricht unser normaler Tagesrhythmus den Erholungsmöglichkeiten, die ein Garten bietet. Die meisten Menschen arbeiten tagsüber und haben nur abends oder am Wochenende Zeit, sich im Garten zu entspannen, die Natur zu genießen oder Feste zu feiern.

Was liegt näher, als der Natur ein Schnäppchen zu schlagen und einfach den Tag etwas zu verlängern? Da wir aber nachts leider nicht so gut sehen können wie eine Eule oder eine Katze brauchen wir künstliche Lichtquellen um uns am Abend oder in der Nacht zurechtzufinden. Es braucht ja nicht gleich eine gleißend helle Flutlichtbeleuchtung im Garten zu sein. Aber bei einem romantischen Gartenfest möchte man doch sehen, was auf dem Teller ist – und nicht den dicken Käfer mit verspeisen, der sich aus Versehen verflogen hat. Der Einsatz von Licht im Garten will eben genauso gut überlegt sein, wie viele andere Gestaltungselemente.

Mit der richtigen Beleuchtung verhindern Sie, dass Wege in der Dämmerung zu Stolperfallen werden.

„Strom im Garten kann schnell zur Gefahrenquelle werden! Hier zu sparen ist nicht angebracht!"

Elektrizität im Garten

Auch wenn es viele Lichtquellen für den Garten gibt, so ist elektrisches Licht doch am weitesten verbreitet.

Egal, ob eine Wegbeleuchtung mit Lampen oder ein Strahler, der von unten in einen Baum leuchtet und die Äste und Blätter gegen die umgebende Dunkelheit in faszinierenden Farben und Formen erstrahlen lässt, Strom im Garten gehört in die Hände von Fachleuten! Permanent verlegte Stromkabel müssen tief genug liegen und ausreichend vor Grabearbeiten und Beschädigungen geschützt werden, um Unfälle zu vermeiden. Alle elektrischen Geräte, die im Garten zum Einsatz kommen, sollten das GS-Siegel des TÜVs tragen und mit einem FI-Schalter ausgerüstet sein.

Es gibt mit Niedervolt betriebene Lampen, deren Kabel auch oberirdisch verlegt werden dürfen – doch Vorsicht: über einem Weg werden sie schnell zur Stolperfalle. Außerdem muss ein Transformator die Netzspannung von 230 Volt aus der Steckdose auf die erforderlichen 8 oder 12 Volt verringern.

Völlig ohne Strom kommen Solarlampen aus. Je nach Sonnenschein am Tag leuchten manche Modelle beinahe die ganze Nacht – und das ohne Strom zu verbrauchen und ohne gewartet werden zu müssen. Solarlampen benötigen keine Kabel und sind sowohl als Wandlampe, zum Befestigen an Pergolen oder Zäunen als auch zum Beleuchten von Wegen geeignet. Gerade bei Solarlampen lohnt sich ein genauer Preisvergleich! Discounter oder Elektrofachmärkte bieten oft Sonderangebote oder Restposten an, deren Preis manchmal um mehr als zwei Drittel unter dem der Fachgeschäfte liegt.

Welche Technik sonst noch?

Ein Stromanschluss am Haus verhindert so manchen Kabelsalat beim Rasen mähen oder Hecken schneiden. Die Steckdose sollte aber immer von Innen ausgeschaltet werden können, um ungebetenen Gästen den „Einstieg" nicht noch zu erleichtern!

„Teelichter schaffen, in leere Blumentöpfe gestellt, eine magische Stimmung im Garten."

Tipp

Weißes Licht lockt viele Insekten an. Wollen Sie einen lauen Sommerabend mit Stechmücken teilen? Außerdem verlieren Nachtfalter und Schmetterlinge die Orientierung und gehen an heißen Lampen oft elend zu Grunde.
Gelbe Lampen, deren Licht zudem eine angenehmere Atmosphäre schafft, sind da eine Abhilfe.

Lichtquellen ohne Strom

- Kerzen erzeugen eine heimelige, warme Atmosphäre und faszinieren durch ihr wechselndes Schattenspiel.
- Fackeln sind im Prinzip nichts anderes als große Kerzen und ideal für jede Gartenparty.
- Petroleum-Laternen oder Paraffin-Lampen leuchten heller und gleichmäßiger als Kerzen und können überall aufgehängt oder aufgestellt werden.
- Glasvasen, die einen Sprung haben und vielleicht nicht mehr ganz dicht sind, eignen sich im Garten immer noch hervorragend als romantische Windlichter.

Unterschiedliche Lichtquellen, die im Garten verteilt sind, sorgen für eine angenehme Atmosphäre nach Sonnenuntergang.

VERMEHRUNG

Machen Sie mehr aus Ihren Pflanzen

Die kostengünstigste Methode, Pflanzen zu besorgen, ist ihre eigene Vermehrung. Jeder Pflanzenfreund hat schon einmal Stauden geteilt, Sommerblumen ausgesät oder aus einem Steckling eine neue Pflanze kultiviert. Groß ist die Freude an der eigenen Pflanzenaufzucht und das Erfolgserlebnis, wenn die selbst herangezogenen Sommerblumen ihre Blütenpracht entfalten. Klar ist auch, dass frisches, selbst ausgesätes Gemüse aus dem eigenen Garten einfach am besten schmeckt.
Ganz besonders reizvoll sind Pflanzen, die Sie im Urlaub gesehen haben. So blüht der selbst vermehrte Oleander nicht nur prächtig, sondern erinnert noch gleichzeitig an den wunderschönen Urlaub vor fünf Jahren. Das Ausgraben von Pflanzen sollten Sie jedoch sein lassen, denn in einzelnen Ländern wird es mit hohen Geldstrafen geahndet. Die Überlebenschance von im Urlaub ausgegrabenen Pflanzen ist zudem relativ niedrig, da die Strapazen der Fahrt oder des Fluges die Pflanzen doch sehr belasten. Reduzieren Sie also das Ausgraben oder Teilen auf Pflanzen, die sich in Ihrem oder im Garten von Bekannten befinden.
Bei der Vermehrung sind einige verschiedene Punkte zu beachten. So wurzelt beispielsweise der Steckling nur sehr unbefriedigend, wenn Sie nicht das richtige Substrat ausgewählt haben. Oder die ausgesäten Samen der Sommerblumen keimen nur vereinzelt, wenn entscheidende Fehler während der Vorbehandlung gemacht wurden.
Wichtig für ein erfolgreiches Vermehren sind auch geeignete Hilfsmittel. Sie erleichtern Ihnen die Arbeit um ein Vielfaches und führen darüber hinaus zu einer geringeren Ausfallrate. Sparen Sie, indem Sie sich kostenlose Gefäße besorgen. Eierkartons, Erdbeerschalen oder einfache Yoghurtbecher eignen sich hierfür hervorragend, wenn Sie die Behälter am Boden mit einem Loch versehen.

Lassen Sie sich derartig schöne Hilfsmittel für die Pflanzenvermehrung schenken.

Samen für die Aussaat

Viele Sommerblumen, Stauden, Wasserpflanzen, Gemüsearten oder auch exotische Pflanzen lassen sich aus Samen heranziehen (generative Vermehrung).
Bereits zum Jahreswechsel locken die bunten Saattütchen in den Regalen der Gartenfachmärkte und lassen so das Gärtnerherz vor Freude auf den kommenden Frühling höher schlagen. Im Vergleich zu später gekauften Fertigpflanzen bietet der Samenkauf ohne Frage einen deutlichen Preisvorteil. So kostet eine Saattüte mit 40 bis 50 Samenkörnern einer Sommerblume genauso viel wie zwei fertig kultivierte Pflanzen der gleichen Gattung.
Achten Sie beim Samenkauf auf das Haltbarkeitsdatum. Als ein Freund des biologischen Anbaus besteht vor allem im Gemüsebau die Möglichkeit, ökologisch herangezogenen Samen zu beziehen – entweder in einem gut sortierten Gartenfachmarkt oder über den Versand. Dieser Samen ist jedoch teurer.

Der Samen der Ringelblume lässt sich leicht absammeln und im nächsten Jahr wieder aussäen.

Samen selber sammeln

1 Sammeln Sie den Samen bei trockenem Wetter. Feuchter Samen muss zunächst ausgebreitet und getrocknet werden.

2 Achten Sie darauf, dass der Samen zum Zeitpunkt der Ernte bereits voll ausgereift ist. Trockene Samenhülsen sind oftmals ein Zeichen dafür.

3 Haben Sie mehrere Pflanzen der gleichen Art zur Auswahl, so entscheiden Sie sich für gesunde und besonders üppig blühende Mutterpflanzen.

4 Der Samen von hochgezüchteten F1-Hybriden ist für die Nachzucht gänzlich ungeeignet und sollte deshalb jedes Jahr neu gekauft werden.

5 Reinigen Sie die Samen, indem Sie mit einem Sieb die Samenstände oder andere Pflanzenreste heraussortieren.

Vorbehandlung der Samen

1 Lagern Sie die Samenkörner bis zur Aussaat in Papiertütchen in einem kühlen und trockenen Keller, getrennt und beschriftet nach einzelnen Arten.

2 Die Samen bestimmter Pflanzen, wie beispielsweise des Eisenhutes, der Christrose oder der Glockenblume, benötigen eine Kältebehandlung von wenigstens drei bis vier Wochen bei –5 bis +5 °C (in den Kühlschrank legen).

3 Achten Sie auf den Aussaatzeitpunkt: Die meisten Sommerblumen oder Stauden werden im März oder April ausgesät, Alpenpflanzen dagegen an einem geschützten Standort bereits im Winter.

4 Durch das Aufrauen oder Anfeilen größerer Samen (zum Beispiel von Lupinen) beschleunigen Sie den Keimungsprozess.

5 Lassen Sie die Samen kurz vor der Aussaat für ein paar Stunden in Wasser quellen.

Aussaat – das brauchen Sie

Als Aussaatgefäße erhalten Sie im Handel praktische und kostengünstige Gefäße aus Styropor. Generell können Sie aber auch kostenlose Abfallprodukte (Eierschalen, Yoghurtbecher) verwenden. Die Gefäße müssen ausreichend mit heißem Wasser ausgewaschen sein und zur Vermeidung von Staunässe ein Loch im Boden haben. Die Vermehrungserde sollte in erster Linie locker und nährstoffarm sein. Die Wurzeln der Keimlinge wachsen und verzweigen sich dann wesentlich besser als in nährstoffreicher Erde. Hervorragend geeignet ist hierfür die gut gelockerte Erde von Maulwurfshügeln, die Sie mit Sand im Verhältnis von 1:1 mischen sollten. Weitere Hilfsmittel für die Aussaat sind ein Sieb zum vorsichtigen Bedecken der Samenkörner mit Erde, eine Gießkanne mit Brause oder ein Handsprüher zum Befeuchten sowie eine Glasscheibe oder durchsichtige Haushaltsfolie. Diese wird über die Aussaatgefäße zur Reduzierung der Verdunstung gelegt oder gespannt.

So wird's gemacht

1 Füllen Sie eine Aussaatschale mit nährstoffarmer Erde und drücken Sie die Erde vorsichtig mit einem Brett glatt.

2 Säen Sie feine Samen mit leicht schüttelnden Bewegungen aus der Tüte, für selbst gesammelte Samen falten Sie ein Stückchen Papier oder Pappe und benutzen es wie die Samentüte. Größere Samenkörner können Sie gleichmäßig mit zwei Fingern auslegen. Übersieben Sie Dunkelkeimer mit Erde in der Stärke der Samenkörner. Lichtkeimer (wie Fleißige Lieschen, Nelken) werden nicht mit Erde bedeckt, sondern lediglich angedrückt.

3 Gießen Sie die Erde vorsichtig an, indem Sie neben dem Aussaatgefäß beginnen und in großzügigen Bahnen darüber hinweggießen.

4 Zu groß gewordene Sämlinge müssen vereinzelt werden.

Sämlinge vereinzeln

Werden die Sämlinge größer und stehen im Aussaatgefäß zu eng, müssen sie in ein größeres Gefäß gepflanzt (pikiert) werden. Mit der einen Hand fassen Sie die Sämlinge vorsichtig an. Mit der anderen Hand lockern Sie mit Hilfe eines runden Holzstäbchens die Erde rund um die Pflanzen und graben so die Sämlinge vorsichtig aus. Zur besseren Verzweigung werden anschließend mit Daumen und Zeigefinger die zu langen Wurzeln abgeknipst. In einem anderen Gefäß, gefüllt mit Vermehrungserde, bohren Sie mit dem Holzstab einzelne Löcher und pflanzen die einzelnen Sämlinge hinein. Anschließend die Erde um die Pflanze leicht andrücken. Vorsichtiges Angießen nicht vergessen.

Aussaat im Freien

Viele Pflanzenarten, vor allem Gemüsepflanzen oder auch einige Sommerblumen, werden direkt ins Freie ausgesät. Bereiten Sie das Beet entsprechend vor, indem Sie mit einem Krail oder Eisenrechen den Boden krümelig lockern. Bei der Gemüseaussaat werden mit einem Rillenzieher in einem bestimmten Abstand 2 bis 3 cm tiefe Reihen gezogen, in die die Samenkörner ausgelegt werden. Sommerblumen- oder Staudensamen sind in der Regel breitwürfig oder in einem Horst auszusäen. Jetzt noch die Saat dünn mit Erde bedecken (mit Ausnahme der wenigen Lichtkeimer) und gut durchfeuchten, ohne allerdings den Boden zu schlämmen.

Pflanzen vermehren mit Stecklingen

Verschiedene Stecklingsarten

1 **Kopfsteckling:** Steckling von Triebenden (Endtrieb oder Seitentrieb) mit mindestens einem gut ausgebildetem Blattpaar

2 **Trieb- oder Sprosssteckling:** Kopfsteckling mit abgeschnittener (unausgereifter) Sprossspitze

3 **Abrisssteckling:** abgerissener Seitentrieb mit einem Stück älterem Holz an der Basis (Fähnchen)

4 **Rissling:** abgetrennter, bewurzelter Einzeltrieb

5 **Wurzelschnittling:** abgeschnittene Wurzel mit schlafendem Auge

So wird's gemacht

1 Wählen Sie als Gefäß einen mit heißem Wasser ausgewaschenen Topf oder eine Schale mit Löchern. Denken Sie daran, mit etwas Splitt oder Kieselsteinen am Topfgrund für eine ausreichende Drainage zu sorgen. Als Anzuchterde verwenden Sie eine Mischung aus Torf und Sand im Verhältnis 1:1. Das Substrat gut anfeuchten und überschüssiges Wasser ablaufen lassen.

2 Schneiden Sie einen 5 bis 8 cm großen Steckling direkt unter einem Blattpaar, da sich hier viele teilungsfähige Zellen für die anschließende Wurzelbildung befinden. Achten Sie darauf, dass am Steckling keine Blütenknospen, Blüten oder Früchte vorhanden sind.

3 Bohren Sie mit dem Holzstab ein kleines Pflanzloch und stecken Sie den Steckling in das vorher angefeuchtete Substrat. Vorsichtig andrücken. Während der Anzucht das Substrat immer mäßig feucht halten.

4 Die Stecklinge bewurzeln besonders gut bei hoher Luftfeuchte und bei einer Bodentemperatur zwischen 20 und 25 °C. Stülpen Sie deshalb eine Glashaube oder eine durchsichtige Plastiktüte über den Topf und stellen Sie das Gefäß auf ein Fensterbrett mit darunter liegender Heizung.

Neben der generativen Vermehrung (geschlechtlich) können viele Pflanzen auch vegetativ (ungeschlechtlich) vermehrt werden. Hierzu zählen unter anderem die vielen Arten der Stecklingsvermehrung. Triebe, Blätter oder Wurzeln werden von einer gesunden, wüchsigen und besonders reich blühenden Mutterpflanze gelöst und in einem Vermehrungssubstrat zur Bewurzelung gebracht. Relativ rasch entwickeln sich eigene Pflanzen als sortenechte Nachkommen – und das bei gleichzeitiger Schonung Ihres Geldbeutels. Als Hilfsmittel benötigen Sie einen Topf, eine Gartenschere, einen Holzstab, eine Gießkanne mit Brause sowie eine Plastiktüte oder Glashaube.

Verschiedene Arten der Stecklingsvermehrung

Arten der Stecklingsvermehrung	Pflanzengruppen	Beispiele aus Pflanzengruppen
Kopf- oder Teilsteckling	– Beet- und Balkonpflanzen – Stauden – Kräuter – Laubgehölze	– Pelargonie, Fuchsie, Petunie – Blaukissen, Gänsekresse, Glockenblume, Vergissmeinnicht – Lavendel, Salbei, Rosmarin – Hortensie, Weigelie, Zaubernuss, Pfaffenhütchen
Abrisssteckling	– Nadelgehölze	– Lebensbaum, Scheinzypresse, Muschelzypresse, Eibe, Fichte, Hemlock-Tanne, Wacholder, Mammutbaum
Rissling	– Stauden	– Herbstaster, Chrysantheme, Sonnenhut, Storchschnabel, Mittagsblume, Edeldistel, Fetthenne
Wurzelschnittling	– Stauden – Laubgehölze	– Kugelprimel, Türkischer Mohn, Anemone, Flockenblume, Flammenblume, Primel, Königskerze, Kokardenblume – Aralie, Strauchkastanie
Steckholz	– Laubgehölze	– Forsythie, Echter Jasmin, Hartriegel, Liguster, Wintergrüner Duft-Schneeball, Glyzinie, Sommerflieder, Spierstrauch

Steckhölzer – kinderleicht und kostenlos

Viele Ziersträucher lassen sich wunderbar und gleichzeitig kinderleicht als Steckhölzer vermehren. Entnehmen Sie einfach von den gewünschten Sträuchern von November bis Februar einjährige, verholzte und blattlose Triebe. Schneiden Sie nun die Triebe in etwa 20 cm große Teilstücke und entfernen Sie die weichere obere Sprossspitze. Der Schnitt sollte etwa 1 cm unter einem Blattknoten (letztjähriger Blattansatz) erfolgen. Bündeln Sie die Steckhölzer und stecken Sie diese in eine Kiste mit einer angefeuchteten Torf-Sand-Mischung. Vergessen Sie nicht, die Bündel mit der jeweiligen Gattung, Art und Sorte zu beschriften. Im Anschluss wird die Kiste in einen frostfreien, kühlen Raum gestellt, beispielsweise in den Keller.

Zwischen März und April kommen die Steckhölzer ins Freie. Bereiten Sie hierfür Töpfe oder ein Beet mit lockerem Gartenboden vor. Anschließend werden die Hölzer bis zu 15 cm tief in die Erde gesteckt, schwarz gewordene Steckhölzer sollten Sie dabei aussortieren. So verbleiben sie den Sommer über, wobei hin und wieder das Unkraut zu entfernen und bei Trockenheit vorsichtig zu bewässern ist. Im Herbst haben sich die Steckhölzer schon zu kleinen Sträuchern entwickelt. Nach dem Laubfall werden die Pflanzen ausgegraben und die Wurzeln und Triebe stark gestutzt. Anschließend können Sie die kleinen Sträucher an den gewünschten Platz im Garten pflanzen.

Aus Steckhölzern entwickeln sich schon bald neue, gesunde Sträucher.

Pflanzen teilen – Freude verdoppeln

Die einfachste und sicherste Form der vegetativen Vermehrung ist die Teilung von Pflanzen. Ganz gleich ob Wurzeln, Rhizome (Wurzelausläufer), Zwiebeln oder Knollen: Machen Sie aus Ihrer Lieblingspflanze zwei oder drei einzelne Pflanzen und setzen Sie diese an verschiedene, geeignete Stellen im Garten. So können Sie ihre Schönheit viel öfter bewundern.

Füllen Sie mit geteilten Pflanzen Lücken auf, ohne vorher eine kostspielige Fahrt in das nächstgelegene Gartencenter gemacht zu haben.

Oftmals ist eine Teilung ohnehin erforderlich, um einer nachlassenden Blütenpracht entgegenzuwirken. Denn Pflanzen mit einem horstigen Wuchs wachsen stets nach außen und die Triebe im inneren Bereich der Pflanze sterben ab. Verwenden Sie die kräftigen äußeren Neuaustriebe wieder und geben Sie die alten Triebe auf den Kompost. So vervielfältigen Sie Ihre Pflanzen und geben ihnen neue Blühkraft.

Viele Stauden lassen sich mit der Hand kinderleicht teilen.

Wurzelteilung – so wird's gemacht

1 Graben Sie die ganze Staude mit einer Grabgabel oder einem Spaten aus. Setzen Sie den Spaten an verschiedenen Stellen an und halten Sie ihn dabei immer etwas schräg.

2 Teilen Sie anschließend die Staude in gewünschter Größe. Lockern Sie das Wurzelwerk der Teilstücke und entfernen Sie fest sitzende Erde, ohne die feinen Wurzeln zu verletzen.

3 Heben Sie an der gewünschten Stelle ein Loch aus, das etwa anderthalbmal so groß ist wie der Wurzelballen. Geben Sie etwas Komposterde als Grunddünger in das Pflanzloch.

4 Setzen Sie die geteilte Staude in das Pflanzloch. Das Teilstück sollte sich genauso tief im Boden befinden, wie vorher die ungeteilte Pflanze. Drücken Sie die Erde mit den Füßen oder Händen an. Angießen nicht vergessen.

Rhizomteilung – so wird's gemacht

1 Graben Sie die Pflanze mit einer Grabegabel aus und entfernen sie mit einer Pflanzkelle oder durch kräftiges Schütteln die Erde vom Wurzelstock.

2 Schneiden Sie mit einem scharfen Messer die äußeren jungen Triebe in einer Länge von etwa 10 bis 15 cm ab. Achten Sie darauf, dass jedes Rhizomstück ausreichend Wurzeln und mindestens ein Blatt besitzt. Anschließend werden die Blätter leicht eingekürzt.

3 Graben Sie eine etwa 10 cm tiefe Setzrinne in die gut gelockerte Erde. Legen Sie die Rhizome flach hinein und breiten Sie die Wurzeln aus. Anschließend Erde auffüllen – so, dass zwei Drittel des Rhizoms bedeckt sind.

4 Drücken Sie das Rhizom und die Erde gut an. Gießen Sie vorsichtig an. Lassen Sie den Boden in den nächsten Wochen bis zum Anwachsen der Wurzeln nicht austrocknen.

Brutzwiebeln – ein Geschenk der Natur

Bei der Vermehrung von Zwiebeln ist uns die Natur im besonderen Maße behilflich. Im Lauf des Sommers entwickeln sich sogenannte Brut- oder Tochterzwiebeln, die meist an Verletzungen der Zwiebeln entstehen. Viele Frühjahrsblüher verdoppeln sich Jahr für Jahr und breiten sich so großflächig aus. Wollen Sie die Brutzwiebeln an anderen Stellen Ihres Gartens verwenden, so nehmen Sie die Zwiebeln aus dem Boden, kurz nachdem das Blattwerk abgestorben ist. Vor allem bei Tulpen ist dies zu empfehlen. Trennen Sie die Brutzwiebeln von den alten Zwiebeln ab und bewahren Sie diese bis zur Pflanzung im Herbst trocken auf. Die alten, großen Zwiebeln kommen dann wieder an die vorgesehene Stelle im Garten. Die Brutzwiebeln werden am besten etwa 3 bis 5 cm tief in den Boden eines Frühbeet- oder Anzuchtkastens gesteckt. Ein gut durchlässiger Gartenboden mit entsprechender Drainage ist ebenfalls wichtig. Pflegen Sie die jungen Zwiebeln zwei bis drei Jahre, dann sind sie blühfähig. Winterharte Zwiebeln können im Herbst an die vorgesehene Stelle im Garten gepflanzt werden, nicht winterharte setzen Sie erst im Frühling. Einige Pflanzen besitzen Knollen, die ihnen gleichsam wie Zwiebeln als Speicherorgane dienen. Die Vermehrung verläuft ähnlich.

Zwiebelpflanzen bilden Brut- oder Tochterzwiebeln für ihre Ausbreitung.

Knollenteilung – so wird's gemacht

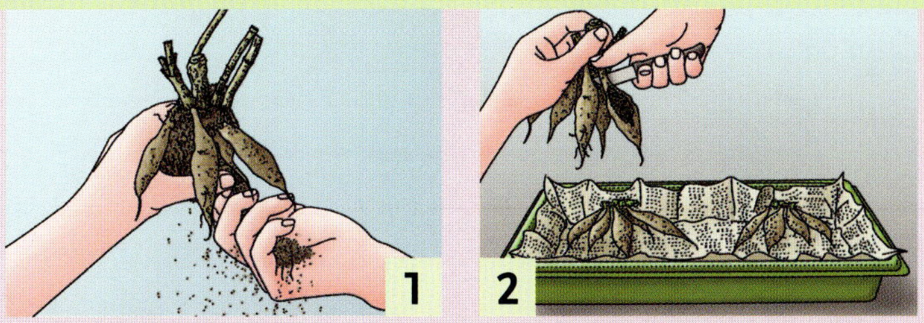

1 Graben Sie mit Hilfe einer Grabegabel die Knollen aus, wenn Blüten und Laub verwelkt sind. Die Sprossteile werden auf etwa 4 bis 5 cm zurückgeschnitten. Legen Sie den Wurzelstock für einige Tage an einen trockenen, dunklen Ort im Garten.

2 Entfernen Sie vorsichtig die nun trockene Erde zwischen und an den Knollen. Die einzelnen Wurzelstöcke werden über die Wintermonate in einer mit Zeitung ausgelegten Kiste bei 0 °C dunkel und trocken gelagert.

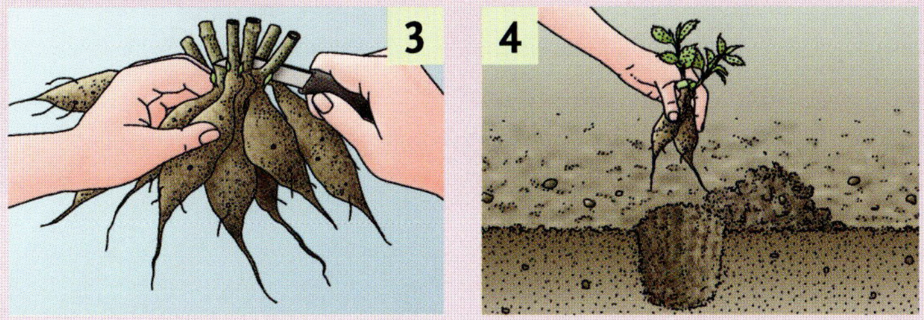

3 Wenn im Frühling die ersten Knospen zu sehen sind, wird der Wurzelstock geteilt. Schneiden oder brechen Sie eine oder mehrere Knollen ab und legen Sie diese in eine Kiste mit einem feuchtem Sand-Erde-Gemisch – jeweils zur Hälfte eingegraben. Bei etwa 10 °C werden die Knollen angetrieben.

4 Die angetriebenen Knollen werden Mitte Mai, nach den Eisheiligen, ausgepflanzt. Graben Sie ein ausreichend großes Loch und füllen Sie es mit lockerer Komposterde. Anschließend Knollen einpflanzen, andrücken und gut wässern.

Verschiedene Teilungsarten im Überblick

Art der Teilung	Pflanzen (Beispiele)	Zeitpunkt	Bemerkung
Wurzelteilung	Margerite, Mädchenauge, Herbstaster, Blaukissen, Bergbohnenkraut, Pfennigkraut, Pampasgras, Chinaschilf	im Frühling vor dem Austrieb oder nach der Blüte	Stauden mit breit ausladendem Wuchs eignen sich besonders gut
Rhizomteilung	Schwertlilie, Bartiris, Taglilie, Indisches Blumenrohr, Maiglöckchen	nach der Blüte	äußere, junge Rhizome verwenden
Brut- oder Tochterzwiebeln	Winterling, Blausternchen, Tulpe, Hyazinthe, Narzisse, Schneeglöckchen, Kaiserkrone, Zierlauch, Goldlauch	nach Absterben des Blattwerkes	Anschneiden des Zwiebelbodens fördert Bildung von Brutzwiebeln
Knollenteilung	Dahlie, Pfingstrose, Gladiole, Steppenkerze, Anemone, Krokus, Knollenbegonie, Alpenveilchen	im Frühjahr, wenn der erste Austrieb zu sehen ist	nur Knollen mit mindestens einer Knospe verwenden

Erdbeeren – dank Ausläufern gratis

Haben Sie etwa schon in einem Gartencenter Erdbeerpflanzen gekauft? Hoffentlich nicht, denn kaum eine andere Vermehrungsart ist so einfach wie die der Erdbeeren. Ohne fremde Hilfe bilden Erdbeeren im Laufe des Sommers nach der Fruchtreife oberirdische Ausläufer, die sich selbst bewurzeln. Trennen Sie die neuen, gut bewurzelten Pflänzchen ab und graben Sie diese mit einer Pflanzkelle aus. Wählen Sie dabei die ältesten Pflanzen, die sich am nächsten zur Mutterpflanze befinden. Die Wurzeln werden etwas eingekürzt. An anderer Stelle können Sie anschließend Ihre neu gewonnen Erdbeerpflanzen in gut vorbereitete Gartenerde wieder eingraben. Ganz wichtig ist ein regelmäßiges Bewässern in den ersten Wochen.
Wenn Sie noch keine eigenen Erdbeerpflanzen zur Vermehrung besitzen, fragen Sie Ihre Nachbarn oder Bekannten, die Ihnen sicherlich mit kleinen Erdbeerpflänzchen weiterhelfen können.
Neben den Erdbeeren bilden auch andere Gartenpflanzen ober- oder unterirdische Ausläufer. Den Hauswurz oder die Fetthenne mit den typischen jungen Pflänzchen an oberirdischen Ausläufern kennen Sie ganz bestimmt oder das Pfennigkraut und den Kriechenden Günsel.

Leckere, saftige Erdbeeren aus dem eigenen Garten – nicht teuer im Supermarkt gekauft.

Der Hauswurz breitet sich mit Hilfe oberirdischer Ausläufer aus.

Unterirdische Ausläufer bilden beispielsweise Strauchkastanie, Holunder, Frauenmantel oder Pfefferminze. Nutzen Sie den natürlichen Ausbreitungsdrang dieser Pflanzen, indem Sie die miteinander verbundenen Pflanzen trennen und an anderer Stelle wieder eingraben.

Tipp

Eine der beliebtesten Steingartenpflanzen ist der Hauswurz. In bizarren Formen und verschiedenen Farbtönen erobert er jede Spalte Ihrer Trockenmauer. Oder bepflanzen Sie originelle Gefäße. So füllt sich der Hauswurz beispielsweise auch in alten, ausgemusterten Schuhen wohl, die Sie im Staudenbeet platzieren können. Ältere Pflanzen zeigen wunderschöne, verästelte Trugdolden mit roten, rosa, gelben oder weißen Blüten. Einziger Wermutstropfen: Die Pflanzen sterben nach ihrer Blüte ab. Vorher haben Sie aber über Ausläufer für zahlreiche Nachkömmlinge gesorgt.

Absenker – Zweige biegen, Kosten senken

Gehölze lassen sich nicht nur mit Steckhölzern, sondern auch durch Absenker leicht vermehren. Magnolie, Waldrebe, Forsythie, Hortensie, Liguster oder Rhododendron eignen sich besonders für diese Vermehrungsart. Im Prinzip funktioniert es wie bei ober- oder unterirdischen Ausläufern, nur mit dem Unterschied, dass Sie eine Kleinigkeit nachhelfen müssen. Die Mühe lohnt sich aber ganz bestimmt.

„Zwei, drei Handgriffe und etwas Geduld – und schon haben Sie aus einer Waldrebe eine zweite gewonnen."

Die Blüte der Waldrebe – in ihrer Form und Farbe ein echtes Highlight in jedem Garten.

Absenker – so wird's gemacht

1 Wählen Sie einen gesunden, kräftigen und biegsamen Zweig aus dem unteren Bereich der Pflanze aus. Von diesem Trieb werden mit Ausnahme eines Büschels am Sprossende alle Blätter entfernt. Setzen Sie 30 cm unter der Sprossspitze einen etwa 3 bis 5 cm langen, flachen Schnitt. Anschließend die „Zunge" mit einem Hölzchen vom Restholz fernhalten.

2 Graben Sie ein Pflanzloch aus und biegen Sie den Zweig so, dass die Schnittstelle 10 bis 15 cm tief in der Mitte des Lochs liegt. Dabei den Zweig mit einem Metallhaken oder einer Astgabel im Boden verankern. Anschließend wird ein schmaler Holzpfosten gesetzt und der Zweig mit einem Blumendraht daran befestigt. Das Loch mit Anzuchterde füllen, leicht andrücken und gut wässern.

3 Nach etwa einem halben Jahr haben sich ausreichend Wurzeln gebildet. Trennen Sie den Spross mit einem Spaten oder einer Gartenschere ab und graben Sie das kleine Pflänzchen aus. Die Wurzeln werden etwas eingekürzt.

4 Heben Sie am gewünschten Standort in Ihrem Garten ein Pflanzloch aus, das etwa anderthalbmal so groß ist wie der Wurzelstock. Den mit wertvoller Komposterde gemischten Aushub wieder einfüllen und fest andrücken. In den folgenden Wochen gut wässern.

Sträucher anhäufeln

Sie haben im Garten Sträucher mit ganz leckeren Früchten und möchten gerne noch einen? Schneiden Sie im Herbst einen der Sträucher kurz über dem Boden ab und schützen Sie ihn über den Winter mit Reisig. Im Frühling bilden sich Jungtriebe, die bei einer Größe von 15 bis 20 cm angehäufelt werden. Bringen Sie hierfür vorsichtig lockere, sandige Erde zwischen die Triebe, bis nur noch wenige Zentimeter herausschauen. Anfang Juli wird diese Maßnahme wiederholt, so dass etwa 25 bis 35 cm hohe Erdhaufen entstehen. Bis zum Herbst haben sich an den Jungtrieben mehrere Zentimeter lange Wurzeln gebildet. Entfernen Sie die Erde und schneiden Sie die bewurzelten Jungtriebe mit einer Gartenschere dicht über dem Boden ab. Diese können jetzt an anderer Stelle wieder eingepflanzt werden. Denken Sie dabei an ein ausreichend großes Pflanzloch, eine Kompostbeigabe und an ein durchdringendes Gießen.

Nach der Wurzelbildung werden die Triebe am Ansatz mit der Schere abgeschnitten.

Abmoosen – spannend und geheimnisvoll

Eine der spannendsten Vermehrungsmethoden ist das Abmoosen, das beispielsweise bei Magnolien, Rhododendren oder der Zaubernuss angewendet werden kann. Verdeckt unter einer dunklen Folie entsteht an einem ausgesuchten Zweig eine neue Pflanze mit frischen Wurzeln. Bei diesem Anblick wird Ihr Nachbar Sie sicher neugierig und verwundert ansprechen.

Abmoosen – so wird's gemacht

1 Setzen Sie unterhalb eines Blattknotens einen 5 cm langen, flachen Schnitt in Richtung Sprossspitze. Zwischen die Schnittzunge und den Spross schieben Sie vorsichtig etwas Moos (erhalten Sie in Gärtnereien oder Floristikläden), damit der Schnitt offen bleibt.

2 Anschließend wird die Schnittstelle in feuchtes Moos gepackt und mit einer Schnur am Spross festgebunden.

3 Legen Sie um das Moos eine dunkle Folie und binden Sie diese mit einer Schnur oben und unten am Spross fest. Öfters mal die Folienpackung öffnen und mit einem Sprüher das Moos von allen Seiten gut durchfeuchten. Schauen Sie dabei, ob sich schon Wurzeln an der Schnittstelle gebildet haben.

4 Haben sich ausreichend Wurzeln entwickelt, schneiden Sie den Zweig ab. Dieser kann im Anschluss entweder zunächst in einen Topf oder aber gleich an den gewünschten Ort im Garten gepflanzt werden. Verwenden Sie nährstoffreiche Komposterde und bewässern Sie ausreichend.

Veredeln – aus alt mach neu

Sie sind nicht mehr zufrieden mit den Erträgen und der Fruchtqualität Ihres Apfelbaumes? Noch dazu haben die Früchte ständig Schorf und sind oft verwurmt und durchlöchert? Denken Sie nicht gleich daran, den Baum mit der Axt zu fällen. Machen Sie lieber aus Ihrem alten einen neuen Apfelbaum, indem Sie auf die im Herbst abgeschnittenen Äste so genannte Edelreiser einer oder mehrerer robusten Sorten veredeln (Pfropfung).

Vorarbeiten im Herbst

Sägen Sie die alten Äste des Apfelbaumes im Herbst so ab, dass der Kronenaufbau noch zu erkennen ist. Fragen Sie Ihre Bekannten bereits im frühen Herbst nach Edelreisern. Achten Sie darauf, dass der hierfür ausgesuchte Baum gesund ist und Ihnen der Geschmack der Äpfel zusagt. Zwischen Dezember und Januar werden die 20 bis 30 cm langen, einjährigen Reiser geschnitten und bis April in Bündeln kühl und frostfrei gelagert.

Von links nach rechts: Schnitt des Edelreises in Keilform und gleicher Schnitt in die Unterlage. Einsetzen des Edelreises in die Unterlage. Umwickeln von Edelreis und Unterlage mit Veredlungsband. Abschließender Wundverschluss mit Baumwachs.

Ein Baum, auf dem verschiedene Sorten einer Obstart veredelt sind, eignet sich auch für kleine Gärten.

Pfropfung im Frühjahr

Vor dem Austrieb schneiden Sie mit einem scharfen Messer einen keilförmigen, etwa 4 bis 5 cm langen Spalt in die Unterlagen. Die Edelreiser kürzen Sie in 10 bis 15 cm lange Stücke. Schneiden Sie das abgeschnittenen Ende des Reisers keilförmig zu, so dass der Edelreis in den Keilschnitt der Unterlage genau hineineinpasst. Mit Naturbast wird das Edelreis fixiert. Anschließend muss die ganze Wunde mit Veredlungswachs (erhalten Sie im Gartenfachhandel) verstrichen werden.
Nach etwa acht Wochen treiben die Reiser aus und können im folgenden Herbst zu einem harmonischem Kronenaufbau erzogen werden.

„Obstbäume veredeln ist gar nicht so schwer, wie viele Leute denken. Probieren Sie es doch einfach mal an einem Ast aus."

PFLANZEN

Bäume und Sträucher

Bei richtiger Wahl sind Bäume und Sträucher eine Anschaffung fürs Leben. Gehölze werden im Laufe der Jahre immer wertvoller. Und je weiter die Zeit fortschreitet, desto unentbehrlicher kommen sie uns vor, die stillen und doch so eindruckvollen Gewächse.

Ab einer gewissen Größe und im fortgeschrittenen Alter lassen sich Gehölze übrigens nicht mehr ohne Probleme verpflanzen. Eine Verpflanzung muss fachmännisch vorbereitet werden.

Tipp

Jungbäume, die bei Ihnen irgendwo im Garten aufgehen und nicht gebraucht werden, müssen Sie mit Wurzel entfernen. Ahorne vermehren sich oft in Massen. Die Jungbäume lassen sich besonders leicht nach durchdringenden Regentagen entfernen. Wenn Sie die jungen Ahornbäume nur abschneiden, treiben sie wieder durch und das Ausreißen wird schwieriger.

Am besten ist es jedoch, die Pflanzen dort zu lassen, wo sie stehen.

Bei den heutigen, oft kleinen Gärten ist es besonders wichtig, das richtige Gehölz zu wählen. Ein einziger Baum oder Strauch reicht oft schon aus, daneben haben noch wenige klein bleibende Sträucher Platz. Er darf nicht zu schnell wachsen und nicht zu groß und ausladend werden. Robust und wenig schädlingsanfällig sollte er sein und außerdem wenig Arbeit machen. In der nachfolgenden Tabelle haben wir für Sie eine Auswahl an pflegeleichten und robusten Gehölzen zusammengestellt.

Die Pflege ist nicht sehr schwierig. Düngen und in Trockenzeiten wässern gehören im Sommer dazu. Immergrüne Gehölze müssen vor dem Winter durchdringend gegossen werden, damit sie während der kalten Jahreszeit nicht vertrocknen. Ihre Wurzeln können bei Frost kein Wasser aufnehmen. Auch bei frostfreien Winterperioden sollten Sie ab und zu wässern, wenn Sie sehen, dass Wassermangel besteht. Bäume werden meist nicht geschnitten. In der Regel bekommen frühlingsblühende Sträucher ihren Jahresschnitt nach der Blüte, Herbstblüher im Februar oder März an frostfreien Tagen.

Deutscher Name ***Botanischer Name***	**Aussehen** **Höhe; Breite**	**Blüte**	**Blattfarbe**	**Boden**	**Nährstoffbedarf** **Wasserbedarf**	**Tipps**
Standort sonnig						
Schmetterlingsstrauch, Sommerflieder *Buddleja alternifolia*	ausladend bis überhängend H: 2 bis 4 m; B: 2 bis 4 m	flieder- bis lavendelfarben von Juni bis Juli	dunkelgrün, unterseits silbriggrau	durchlässig	mittel bis hoch niedrig bis mittel	für Einsteiger, kompakt wachsend, auch für Kübel und Töpfe, duftend, auffallende Blüte
Garten-Eibisch, Strauch-Eibisch *Hibiscus syriacus*	strauch- bis trichterförmig H: 1,5 bis 2 m (3 m); B: 1 bis 1,5 m	hellblau bis lilablau von Juni bis September	mittelgrün	durchlässig, sandig bis lehmig	mittel bis hoch niedrig bis mittel	auch für Kübel und Töpfe, für kleine Gärten; etwas teurer, aber sehr schön
Forsythie *Forsythia x intermedia*	aufrecht bis breit ausladend H: 3 bis 4 m	leuchtend goldgelb von April bis Mai	mittelgrün	anspruchslos	ausgeglichen ausgeglichen	dekorative Blütenpracht, warmer Standort
Standort sonnig bis halbschattig						
Zierliche Deutzie *Deutzia gracilis*	locker aufrecht H: 0,6 bis 0,9 m; B: 0,6 bis 0,9 m	reinweiß von Mai bis Juni	leuchtend bis mattgrün	sandig bis lehmig	mittel bis hoch mittel bis hoch	kompakt wachsend, für kleine Gärten
Serbische Kugelfichte *Picea omorika* 'Nana'	kompakt kegelförmig H: 4 bis 5 m; B: 2 bis 3 m	–	blau- bis dunkelgrün	durchlässig	niedrig bis mittel niedrig bis mittel	kompakt wachsend, für kleine Gärten, immergrün
Bergkiefer, Latschenkiefer *Pinus mugo*	flach strauchförmig bis breit kegelförmig H: 4 bis 6 m; B: 2 bis 4 m	–	dunkelgrün	durchlässig, sandig bis kiesig	niedrig bis mittel niedrig bis mittel	auch für Kübel und Töpfe, für kleine Gärten, immergrün
Japanische Spiere *Spiraea japonica*	kompakt strauchförmig bis halbrund H: 1 bis 2 m; B: 0,7 bis 1,5 m	rosa oder weiß von Juni bis Juli (bis September)	sortenabhängig in Grüntönen	durchlässig	mittel bis hoch niedrig bis mittel	kompakt wachsend, für kleine Gärten, auch andere empfehlenswerte Arten wie *Spiraea* x *arguta*

Deutscher Name *Botanischer Name*	Aussehen Höhe; Breite	Blüte	Blattfarbe	Boden	Nährstoffbedarf Wasserbedarf	Tipps
Zierquitte *Chaenomeles*-Hybriden	buschig strauchförmig bis ausladend H: 1 bis 2 m; B 1 bis 1,5 m	weiß, orangerot, rot von April bis Mai	mittelgrün	durchlässig	mittel bis hoch niedrig bis mittel	für Einsteiger, für kleine Gärten
Japanischer Ahorn, Fächer-Ahorn *Acer palmatum*	locker rundkronig H: bis 5 m; B 3 bis 5 m	purpurrot von Mai bis Juni	grün, unterseits blassgrün	sandig bis humos, sandig bis lehmig	ausgeglichen mittel bis hoch	für Einsteiger, kompakt wachsend, auffallende Blätter, dekorative Herbstfärbung; viele schöne und kleine Sorten
Zwerg- Berberitze *Berberis thunbergii* 'Atropurpurea Nana'	halbkugelig, dicht verzweigt H: 0,5 bis 0,6 m; B: 0,4 bis 1,0 m	gelb von Mai bis Juni	braun bis tiefrot	durchlässig	ausgeglichen niedrig bis mittel	für Einsteiger, kompakt wachsend, auch für Kübel und Töpfe, Bodendecker, dekorative Herbstfärbung, viele weitere gute Sorten
Liebesperlenstrauch, Schönfrucht *Callicarpa bodinieri*	aufrecht strauchförmig H: 2 bis 3 m; B: 1,5 bis 2,5 m	unscheinbar lila von Juli bis August	mattgrün	durchlässig, sandig bis humos	ausgeglichen ausgeglichen	für Einsteiger, kompakt wachsend, auch für Kübel und Töpfe, auffallende Früchte
Scheinzypresse *Chamaecyparis lawsoniana* 'Ellwood's Gold'	kegelförmig H: 2 bis 3 m; B: 1 bis 1,5 m	–	goldgelb	durchlässig, sandig bis lehmig	ausgeglichen mittel bis hoch	kompakt wachsend, auch für Kübel und Töpfe, Liebhaberpflanze, auffallende Blätter, immergrün
Roter Hartriegel *Cornus sanguinea*	aufrecht strauchförmig bis breit wachsend H: 1 bis 4 m	cremeweiß von Mai bis Juni	dunkelgrün	anspruchslos, durchlässig	ausgeglichen schwach bis mittel	für kleine Gärten, Bienen- und Vogelnährgehölz, auch andere *Cornus*-Arten empfehlenswert
Gewöhnlicher Wacholder *Juniperus communis*	aufrecht baum- oder strauchförmig H: 3 bis 8 m; B: 1 bis 2 m	–	bläulichgrün	durchlässig	niedrig bis mittel niedrig bis mittel	für kleine Gärten, immergrün, viele kleinere Sorten wie 'Hibernica' und 'Meyer'
Falscher Jasmin, Pfeifenstrauch *Philadelphus*-Hybride	aufrecht strauchförmig bis überhängend; H: 1,5 bis 4 m; B: 1 bis 2,5 m	weiß von Mai bis Juni	dunkelgrün	durchlässig, anspruchslos	ausgeglichen ausgeglichen	für Einsteiger, kompakt wachsend, für kleine Gärten
Fünffingerstrauch *Potentilla fruticosa*	breit buschig H: bis 1,5 m; B: 1 bis 1,5 m	gelb oder weiß von Juni bis Oktober	dunkelgrün	durchlässig	niedrig bis mittel niedrig bis mittel	für kleine Gärten, Flächenbegrünung, für freiwachsende Blütenhecke
Hänge-Kätzchen-Weide *Salix caprea* 'Pendula'	schirmförmig, stark überhängend H: 1,5 bis 2 (3) m; B: 1,5 bis 2 m	männliche Sorten mit goldgelben Blüten von März bis April	grau- bis mattgrün, unterseits graufilzig	sandig bis lehmig, anspruchslos	ausgeglichen mittel bis hoch	kompakt wachsend, flauschige männliche Blütenkätzchen, braucht eventuell Stützhilfe
Strauchige Hemlocktanne *Tsuga canadensis* 'Nana'	kompakt kugelig H: 1,5 bis 2 m; B: 1 bis 3 m	–	mittelgrün	sandig bis humos, sandig bis lehmig	ausgeglichen mittel bis hoch	kompakt wachsend, auch für Kübel und Töpfe, für kleine Gärten, immergrün

Einsteigerpflanze Berberitze

Liebesperlenstrauch – so schön, wie der Name

Weigelie (Beschreibung S. 102)

Bäume und Sträucher

Deutscher Name *Botanischer Name*	Aussehen Höhe; Breite	Blüte	Blattfarbe	Boden	Nährstoffbedarf Wasserbedarf	Tipps
Weigelie *Weigela*-Sorten	rundlich strauchförmig bis leicht überhängend; H: 2 bis 3,5 m; B: 2 bis 3,5 m	weiß, rosa, rot von Mai bis Juni	mittel- bis dunkelgrün	durchlässig	mittel bis hoch mittel bis hoch	für Einsteiger, sehr schöne Blüten, robust, stark von Bienen und Hummeln besucht, für freiwachsende Blütenhecken
Kugel-Trompetenbaum *Catalpa bignonioides* 'Nana'	kompakt rundkronig H: 4 bis 7 m; B: 4 bis 7 m	–	ausgeglichen grün	sandig bis lehmig, lehmig	mittel bis hoch niedrig bis mittel	kompakt wachsend, für kleine Gärten, windgeschützt
Standort sonnig bis schattig						
Zwergmispel *Cotoneaster dammeri*	niedriger Zwergstrauch H: 0,2 bis 0,8 m	weiß bis rötlich von Mai bis Juni	mattgrün	durchlässig	mittel bis hoch niedrig bis mittel	kompakt wachsend, Bodendecker, Liebhaberpflanze, für kleine Gärten; immergrün, viele Sorten
Kerrie, Ranunkelstrauch *Kerria japonica*	aufrecht strauchförmig, wenig verzweigt H: 0,8 bis 1,5 m	leuchtend gelb bis goldgelb von April bis Mai	hellgrün	durchlässig	ausgeglichen niedrig bis mittel	für Einsteiger, für kleine Gärten, problemlos

Mehrjährige Kletterpflanzen

Kletterpflanzen können durch wunderschöne Blüten, aber auch durch auffälliges Blattwerk Zäune, Mauern oder andere Kletterhilfen beleben. Leicht lassen sich kleine Laubenplätze schaffen, die – mit dem Geißblatt bewachsen – nicht nur romantisch aussehen, sondern auch noch durch ihren Duft betören. Besonders beeindruckend sind im Frühjahr die hängenden Blütentrauben der Glyzinie, die mühelos sowohl Eingang als auch Hausfassade verzaubern.

Nachfolgend finden Sie ein kleine Auswahl an mehrjährigen Kletterpflanzen für Ihren Garten.

Wenn es nicht extra in der Tabelle vermerkt ist, brauchen diese Pflanzen eine Kletterhilfe.

Deutscher Name *Botanischer Name*	Höhe	Blüte	Standort	Boden	Nährstoffbedarf Wasserbedarf	Tipps
Clematis, Waldrebe *Clematis*-Hybriden	2 bis 5 m	Juni bis September in vielen Farben	sonnig bis halbschattig	sandig-humos, sandig-lehmig	mittel bis hoch ausgeglichen	pflegeleicht, dekorative große Blüten, Wurzellfuß kühl und feucht (!); auch andere schöne Arten wie *Clematis viticella* und *Clematis montana*
Gewöhnlicher Efeu *Hedera helix*	0,2 bis 20 m	September bis Oktober in Grüngelb (erst nach etwa 8 Jahren)	sonnig bis schattig	anpassungsfähig	ausgeglichen ausgeglichen	pflegeleicht, bekannte Pflanze, für Einsteiger, Bodendecker, auffallende Blätter, Wurzelkletterer, als Hausbegrünung nur bei intakten, rissefreien Wänden
Winter-Jasmin *Jasminum nudiflorum*	2 bis 3 m	Februar bis März (teilweise ab Dezember) in Gelb	sonnig bis halbschattig	durchlässig, sandig-lehmig	mittel bis hoch trocken bis feucht	Winterblüher, Liebhaberpflanze
Echtes Geißblatt *Lonicera caprifolium*	2 bis 5 (8) m	Mai bis Juni in Weiß bis Cremegelb	sonnig bis halbschattig	durchlässig	mittel bis hoch ausgeglichen	pflegeleicht
Wilder Wein *Parthenocissus quinquefolia* 'Engelmannii'	10 bis 15 (20) m	Juni bis Juli in Weiß	sonnig bis schattig	durchlässig	mittel bis hoch niedrig bis mittel	dekorative Herbstfärbung, Haftscheibenkletterer, zur Hausbegrünung nur bei intaktem, rissefreiem Mauerwerk; ähnlich ist *Parthenocissus tricuspidata* 'Veitchii'
Chinesischer Blauregen, Glyzinie *Wisteria sinensis*	3 bis 8 m	Mai bis Juni in Blauviolett	sonnig, geschützt	durchlässig, sandig-lehmig	hoch ausgeglichen	faszinierende Blüten; ähnlich ist *Wisteria floribunda*

Sommerblumen

Sommerblumen sind die geheimen Stars unserer Gärten. Tauchen Lücken auf oder fehlen die Farbkleckse im Garten, dann sind sie da und erfüllen mühelos ihren Zweck. Und dabei bezaubern sie schnell mit unermüdlicher Blütenpracht und ungewöhnlichen Blütenformen jede Ecke.

Wir unterscheiden ein- und zweijährige Sommerblumen. Die Einjährigen werden im Frühjahr gesät und blühen im gleichen Jahr, die Samen der Zweijährigen kommen im Sommer in den Boden, die Blüte ist im darauf folgenden Jahr. Sommerblumen lassen sich problemlos selbst aussäen. Die Einjährigen können sie ab Februar/März auf der Fensterbank vorziehen oder später direkt ins Freiland säen. Richten Sie sich nach den Angaben auf der Samentüte. Die meisten Sommerblumen bevorzugen einen sonnigen Standort, einige Ausnahmen, wie zum Beispiel Vergissmeinnicht und Gänseblümchen, können auch sehr gut halbschattig stehen.

Sorgen Sie für genügend Wasser und Nährstoffe. Verblühtes können sie ausknipsen, besonders, wenn Sie nicht wollen, dass sich die Pflanze nächstes Jahr überall im Garten selbst ausgesät hat (was aber auch schön sein kann). Wenn Sie Samen ernten und kontrolliert selbst aussäen wollen, tun sie im Sommer gar nichts. Im Herbst, wenn sich Samenkapseln oder Stände braun verfärben und trocken werden, ist die Zeit der Samenernte gekommen.

Graziles Schmuckkörbchen

Pflegeleichtes Gänseblümchen

Dankbares Vergissmeinnicht

Deutscher Name *Botanischer Name*	Aussehen Höhe	Blüte	Boden	Nährstoffbedarf Wasserbedarf	Vermehrung	Tipps
Maßliebchen, Gänseblümchen, *Bellis perennis*	flach wachsend bis teppichartig 10 bis 20 cm	März bis September in Weiß bis Weißrosa	durchlässig	ausgeglichen ausgeglichen	Aussaat, Teilung	pflegeleicht, für Einsteiger, auch für Kästen und Kübel, auffallende Blüten, kompakt wachsend, einjährig, teilweise mehrjährig
Garten-Ringelblume *Calendula officinalis*	aufrecht 30 bis 50 cm	Mai bis September, Farbvariationen in Gelb, Orange, Rosa und Weiß	durchlässig, sandig-lehmig	ausgeglichen ausgeglichen	Aussaat	pflegeleicht, für Einsteiger, für kleine Gärten, dekorative Blüten, ein- oder zweijährig
Sommeraster *Callistephus chinensis*	aufrecht bis ausladend 20 bis 70 cm	August bis Oktober, in Rosa, Violett, Gelb, Karmin, Purpur, und Weiß	durchlässig, sandig-humos	mittel bis hoch ausgeglichen	Aussaat	pflegeleicht, für Einsteiger, auch für Kästen und Kübel, schöne Blüten, einjährig
Kosmee, Schmuckkörbchen *Cosmos bipinnatus*	aufrecht, stark verzweigt 80 bis 150 cm	Mai bis August, in Weiß, Rosa und Karminrot	durchlässig, sandig-humos	mittel bis hoch ausgeglichen	Aussaat	pflegeleicht, für Einsteiger, auffallende Blüten, einjährig
Sommer-Schleierkraut *Gypsophila elegans*	aufrecht, stark verzweigt 50 bis 60 cm	Juli bis August in Weiß bis Hellrosa	durchlässig, sandig-humos	mittel bis hoch ausgeglichen	Aussaat	pflegeleicht, für Einsteiger, auch für Kästen und Kübel, für kleine Gärten, einjährig

Sommerblumen

Deutscher Name *Botanischer Name*	Aussehen Höhe	Blüte	Boden	Nährstoffbedarf Wasserbedarf	Vermehrung	Tipps
Sonnenblume *Helianthus annuus*	straff aufrecht 130 bis 300 cm	Juli bis September in Gelb, Orange, Rot, gefüllt und einfach	durchlässig, sandig-lehmig	hoch mittel bis hoch	Aussaat	pflegeleicht, für Einsteiger, tolle Blüten, einjährig
Duftsteinrich *Lobularia maritima*	kompakt buschig bis polsterartig 10 bis 30 cm	Mai bis August in Hellrosa bis Purpurrosa, Weiß	durchlässig, sandig-humos	mittel bis hoch mäßig	Aussaat	pflegeleicht, für Einsteiger, auch für Kästen und Kübel, kompakt wachsend, einjährig
Vergissmeinnicht *Myosotis sylvatica*	aufrecht bis kompakt buschig 15 bis 30 cm	März bis Juni in Blau bis Hellblau	durchlässig, humos,	mäßig mittel bis hoch	Aussaat	pflegeleicht, für Einsteiger, auch für Kästen und Kübel, für kleine Gärten, lange Blütezeit, zweijährig
Große Studentenblume *Tagetes-Erectra*-Hybriden	aufrecht buschig, reich verzweigt 20 bis 80 cm	Mai bis September, Farbvariationen in Gelb, Orange, Rot	durchlässig	mittel bis hoch ausgeglichen	Aussaat	pflegeleicht, für Einsteiger, auch für Kästen und Kübel, duftend, für kleine Gärten, auffallende Blüten, einjährig, viele schöne Sorten und andere Arten
Gartenzinnie *Zinnia elegans*	aufrecht buschig 40 bis 100 cm	Juni bis August, in Scharlach, Rosa, Weiß, Gelb, Lachs, und Orange	durchlässig, sandig-humos	mittel bis hoch ausgeglichen	Aussaat	pflegeleicht, für Einsteiger, auch für Kästen und Kübel, für kleine Gärten, dekorative Blüten, einjährig

Zwiebel- und Knollenpflanzen

Viele Zwiebelblumenblüten erscheinen schon früh im Jahr und man hat fast ein bisschen das Gefühl, das einige untereinander wetteifern, wer wohl der Erste ist.

Winterharte Zwiebelpflanzen brauchen nur wenig Pflege. Man muss für genügend Nährstoffe sorgen. Nach dem Abblühen schneidet man die Blüten ab, damit die Kraft in die Zwiebel und nicht in die Samenbildung geht. Die Blätter lässt man stehen, damit Sie genügend Nährstoffe bilden können. Wenn bei Ihnen Zwiebelblumen im Rasen wachsen, dürfen Sie erst mähen, wenn das Laub der Pflanzen gelb geworden ist. Wenn Sie diesen Zeitpunkt nicht abwarten, werden die kleinen Blüher im Laufe der Jahre verschwinden. Im Herbst ist Pflanzzeit für die Frühjahrsblüher. Faustregel: Etwa dreimal so tief pflanzen wie die Zwiebel dick ist. Wenn Sie Wühlmäuse im Garten haben, dann müssen sie die Zwiebeln geschützt in Drahtkörben pflanzen. Die frostempfindlichen Sommerblüher dürfen erst nach Mitte Mai nach draußen und müssen im Herbst aus der Erde genommen und frostfrei überwintert werden.

Bodendecker Strahlen-Anemone

Pflegeleichter Winterling

Frühlingsbote Schneeglöckchen

Zwiebel- und Knollenpflanzen

Deutscher Name *Botanischer Name*	Wuchs Höhe	Blüte	Standort	Boden	Nährstoffbedarf Wasserbedarf	Tipps
Strahlen-Anemone *Anemone blanda*	flach wachsend, horstbildend 10 bis 30 cm	März bis April, Farbvariationen in Weiß, Blau, Hell- und Dunkelviolett	sonnig bis halbschattig	durchlässig, humos	ausgeglichen mittel bis hoch	pflegeleicht, für Einsteiger, kompakt wachsend, auch für Kästen und Kübel, Bodendecker, für kleine Gärten, auffallende Blüten
Kronen-Anemone, Garten-Anemone *Anemone coronaria*	aufrecht, horstbildend 30 bis 50 cm	April bis Mai, Farbvariationen in Weiß, Rot und Blau	sonnig bis halbschattig	durchlässig, humos	ausgeglichen mittel bis hoch	pflegeleicht, für Einsteiger, auch für Kästen und Kübel, für kleine Gärten, schöne Blüten
Frühling-Krokus *Crocus chrysanthus*	locker horstbildend 5 bis 8 cm	Februar bis März in Cremeweiß bis Tiefgoldgelb	sonnig	durchlässig	niedrig niedrig bis mittel	pflegeleicht, für Einsteiger, kompakt wachsend, auch für Kästen und Kübel, dekorative Blüten, viele andere Frühlingsarten und Sorten in verschiedenen Farben
Herbst-Krokus *Crocus speciosus*	locker horstbildend, 10 bis 15 cm	September bis Oktober, sortenabhängig	sonnig	durchlässig	niedrig bis mittel niedrig bis mittel	pflegeleicht, für Einsteiger, auch für Kästen und Kübel, dekorative Blüten, viele andere Herbstarten und Sorten in verschiedenen Farben
Winterling *Eranthis hyemalis*	kompakt horstbildend, 10 bis 12 cm	Februar bis März in Gelb	sonnig	durchlässig	niedrig niedrig bis mittel	pflegeleicht, für Einsteiger, auch für Kästen und Kübel, für kleine Gärten, kündigt den baldigen Frühling an
Schachbrettblume *Fritillaria meleagris*	aufrecht, horstbildend 25 bis 35 cm	April bis Mai in Purpur mit auffälliger Schachbrett-musterung	sonnig bis halbschattig	durchlässig, sandig-kiesig	ausgeglichen niedrig bis mittel	pflegeleicht, für kleine Gärten, tolle und ungewöhnliche Blüten
Schneeglöckchen *Galanthus nivalis*	überhängend, horstbildend 10 bis 15 cm	Januar bis März in Weiß	halbschattig	sandig-humos, sandig-lehmig	mittel bis hoch ausgeglichen	pflegeleicht, für Einsteiger, kompakt wachsend, auch für Kästen und Kübel, für kleine Gärten, blüht im Winter
Deutsche Schwertlilie *Iris germanica*	aufrecht, rhizombildend 70 bis 80 cm	Mai bis Juni in Violett	sonnig	durchlässig, sandig-lehmig	hoch niedrig bis mittel	pflegeleicht, für Einsteiger, auffallende Blüten
Zwiebel-Iris *Iris Hollandica*-Hybriden	aufrecht, horstbildend 60 bis 80 cm	Mai bis Juni, Farbvariationen in Weiß, Gelb, Purpur, Violett	sonnig	durchlässig, sandig-lehmig	hoch niedrig bis mittel	pflegeleicht, für Einsteiger, auch für Kästen und Kübel, auffallende Blüten, eventuell Winterschutz
Garten-Lilie *Lilium*- Hybriden	aufrecht 80 bis 150 cm	Juli bis September, sortenabhängig	sonnig	durchlässig, sandig-lehmig	hoch ausgeglichen	pflegeleicht, für kleine Gärten, auffallende Blüten, viele Sorten
Narzisse, Osterglocke *Narcissus*-Hybriden	aufrecht, horstbildend 15 bis 60 cm	April bis Mai, Farbvariationen in Gelb, Orange und Weiß	sonnig	durchlässig	ausgeglichen niedrig bis mittel	pflegeleicht, für Einsteiger, auch für Kästen und Kübel, für kleine Gärten, wunderschöne Blüten, sehr viele Sorten
Tulpe *Tulipa*-Hybriden	aufrecht 20 bis 60 cm	Mai bis Juni, Farbvariationen in Weiß, Gelb, Orange, Rosa, Rot, Violett, mehrfarbig	sonnig	sandig-humos, sandig-lehmig	ausgeglichen niedrig bis mittel	pflegeleicht, auch für Kästen und Kübel, für kleine Gärten, schöne „Kelch"-Blüten, sehr viele Sorten

Stauden

Hierher gehören viele Langzeitstars, wie Rittersporn, Astern und Phlox. Rund ums Jahr erfreuen uns diese mehrjährigen Blumen mit unermüdlichen Blüten und teilweise beeindruckend schönen Blättern. Achten Sie darauf, dass in jedem Monat irgendwo im Garten etwas zu blühen anfängt.

Der richtige Standort ist von entscheidender Bedeutung, damit Sie jahrelang Freude an diesen treuen Begleitern haben. Fragen Sie zum Beispiel auch Ihren Nachbarn nach den Pflanzen, die bei ihm im Garten besonders gut gedeihen. Das sind meist die Gewächse, die sich auch bei Ihnen wohl fühlen.

Wässern und düngen steht während des Sommers auf dem Arbeitsplan. Einige Arten müssen leicht geschnitten oder ausgeputzt werden. Wenn Sie die verblühenden Blütenstände oder Blüten entfernen, tut das vielen Pflanzen gut, weil sie ihre Kraft dann nicht in die Samenausbildung stecken müssen. Hoch wachsende Blütenstände, wie zum Beispiel die des Rittersporns, brauchen eine Stütze, damit sie nicht abknicken.

Meist lassen sich Stauden leicht selbst vermehren. Daher können Sie sich viele Pflanzen von Freunden oder Nachbarn umsonst besorgen.

Bei der folgenden Auswahl finden sie besonders beliebte und robuste Mehrjährige, die Ihnen nicht sehr viel Arbeit machen.

Deutscher Name *Botanischer Name*	Aussehen Höhe	Blüte	Boden	Nährstoffbedarf Wasserbedarf	Vermehrung	Tipps
Standort sonnig						
Glattblatt-Aster *Aster novi-belgii*	aufrecht buschig, horstbildend 100 bis 150 cm	August bis Oktober in Weiß, Rosa, Rot, Violett oder Blau	durchlässig	hoch ausgeglichen	Teilung	pflegeleicht, auch *Aster novae-angliae* und *Aster alpinus* (Alpen-Aster) sowie *Aster dumosus* (Herbstaster) empfehlenswert
Blaukissen *Aubrieta*-Hybriden	flach polsterbildend 8 bis 12 cm	April bis Mai, sortenabhängig in Blau, Karmin, Purpur, Rosa, Violett und Weiß	durchlässig	mittel bis hoch niedrig bis mittel	Stecklinge, Teilung	pflegeleicht, für Einsteiger, auch für Kästen und Töpfe, für kleine Gärten, lockt Bienen und Schmetterlinge an
Pfirsichblättrige Glockenblume *Campanula persicifolia*	aufrecht, horstbildend 60 bis 90 cm	Juni bis Juli in Violettblau, auch Weiß	durchlässig, sandig-lehmig	ausgeglichen niedrig bis mittel	Teilung	pflegeleicht, für Einsteiger, wunderschöne „Glocken"-Blüten, auch andere *Campanula*-Arten sind empfehlenswert
Großblumiges Mädchenauge *Coreopsis grandiflora*	aufrecht buschig, horstbildend 50 bis 70 cm	Juni bis September in Goldgelb	durchlässig, sandig-lehmig	ausgeglichen ausgeglichen	Aussaat, Teilung	pflegeleicht, auch für Kästen und Töpfe, große Blüten, lange blühend
Hoher Garten-Rittersporn *Delphinium-Elatum-*Hybriden	straff aufrecht, horstbildend 100 bis 150 cm	Juni bis September in Blau	durchlässig, sandig-lehmig	hoch ausgeglichen	Stecklinge, Teilung	pflegeleicht, majästetische Blüten, auch andere Rittersporn-Arten empfehlenswert
Feder-Nelke *Dianthus plumarius*	breit aufrecht bis niederliegend 20 bis 30 cm	Mai bis Juni/Juli in Weiß, Rosa, Rot	durchlässig, sandig-lehmig	mittel bis hoch ausgeglichen	Aussaat, Teilung	pflegeleicht, duftend, für kleine Gärten, auffallende Blüten, *Dianthus deltoides* (Heidenelke) auch schön
Gartenmargerite, Edelweißmargerite *Leucanthemum maximum*	aufrecht buschig, horstbildend 60 bis 100 cm	Juli bis August in Weiß	fruchtbar, sandig-lehmig	mittel bis hoch ausgeglichen	Aussaat, Teilung	pflegeleicht, große Blüten, alte Gartenstaude
Pfingstrose *Paeonia lactiflora*	aufrecht buschig, horstbildend 50 bis 100 cm	Mai bis Juni, sortenabhängig	durchlässig, fruchtbar	hoch niedrig bis mittel	Teilung	pflegeleicht, duftend, traumhafte Blüten
Island-Mohn *Papaver nudicaule*	kompakt polsterförmig 20 bis 40 cm	Mai bis August, in Pastellfarben	durchlässig, sandig-kiesig	ausgeglichen niedrig bis mittel	Aussaat, Teilung	pflegeleicht, für Einsteiger, für Kästen und Töpfe, für kleine Gärten, große, schöne Blüten
Sonnenhut *Rudbeckia fulgida*	aufrecht buschig, horstbildend 80 bis 100 cm	August bis Oktober in Goldgelb	sandig-lehmig, lehmig	mittel bis hoch ausgeglichen bis feucht	Aussaat, Teilung	pflegeleicht, für Einsteiger, für kleine Gärten, große Blüten

Deutscher Name *Botanischer Name*	Aussehen Höhe	Blüte	Boden	Nährstoffbedarf Wasserbedarf	Vermehrung	Tipps
Fetthenne *Sedum telephium*	aufrecht buschig, horstbildend 40 bis 60 cm	August bis September in Purpurrosa und Rot	durchlässig, sandig-kiesig	ausgeglichen niedrig bis mittel	Teilung	pflegeleicht, kompakt wachsend, auch für Kästen und Töpfe, Bodendecker, für kleine Gärten
Standort sonnig bis halbschattig						
Akelei *Aquilegia caerulea*	aufrecht 30 bis 60 cm	Mai bis Juni in Blau	durchlässig, sandig-humos	ausgeglichen regelmäßig	Aussaat	pflegeleicht, wunderschöne, grazile Blüten, viele Sorten und Hybriden
Prachtspiere *Astilbe-Arendsii*-Hybriden	aufrecht buschig, horstbildend 80 bis 100 cm	Juli bis September in Weiß, Rosa, Violettrosa, Rot, Karmin	durchlässig	mittel bis hoch ausgeglichen	Teilung	pflegeleicht, auffallende Blüten, viele Sorten
Herzblatt-Bergenie *Bergenia cordifolia*	breit wachsend bis kriechend 40 bis 50 cm	April bis Mai in Rosa, auch Weiß	durchlässig	mittel bis hoch ausgeglichen	Teilung	pflegeleicht, für Einsteiger, Bodendecker, für kleine Gärten, wintergrün, Blattschmuckpflanze
Tränendes Herz *Dicentra spectabilis*	buschig überhängend 70 bis 100 cm	Juni in Weiß und Rosa mit Weiß	durchlässig, humos	mittel bis hoch ausgeglichen	Teilung	pflegeleicht, für Einsteiger, für kleine Gärten, wunderschöne „Herz"-Blüten
Hohe Flammenblume *Phlox-Paniculata*-Hybriden	aufrecht 80 bis 120 cm	(April) Mai bis Juni in Weiß, Rosa, Rot, Purpur und Rost	sandig-humos, sandig-lehmig	hoch ausgeglichen	Stecklinge, Teilung	pflegeleicht, für Einsteiger, viele andere schöne Phlox-Arten und Sorten
Trollblume *Trollius europaeus*	aufrecht buschig, horstbildend, 50 bis 70 cm	Mai bis Juni in leuchtendem Gelb	durchlässig	hoch, ausgeglichen bis feucht	Aussaat, Teilung	pflegeleicht, für Einsteiger, wunderschöne Blüten
Duftveilchen *Viola odorata*	flach wachsend, 10 bis 20 cm	März bis April in Purpurviolett bis Dunkelviolett	durchlässig, humos	mittel bis hoch, niedrig bis mittel	Aussaat, Teilung	pflegeleicht, für Einsteiger, kompakt wachsend, auch für Kästen und Töpfe, duftend, für kleine Gärten
Standort halbschattig						
Blaublattfunkie *Hosta sieboldiana*	rundlich buschig bis überhängend, horstbildend 60 bis 90 cm	Juni bis Juli in Hellviolett bis Fliederfarben	sandig-humos, humos	mittel bis hoch ausgeglichen bis feucht	Teilung	pflegeleicht, auch für Kästen und Töpfe, Blattschmuckpflanze, viele wunderschöne Arten und Sorten, vor Ort aussuchen
Kissenprimeln *Primula-Vulgaris*-Hybriden	locker horstig 8 bis 12 cm	März bis April (eventuell auch früher) in vielen Farben	frisch, sandig-humos, sandig-lehmig	ausgeglichen regelmäßig	Aussaat, Teilung	pflegeleicht, für Einsteiger, wunderschöne Blüten während der blütenarmen Zeit, viele andere empfehlenswerte Primel-Arten

Glattblatt-Aster

Wunderschöner Sonnenhut

Die Herzblüten vom Tränenden Herz

Gräser und Farne

Etwas exotisch sehen sie schon aus – die meisten der Gräser und Farne. Besonders Farne haben etwas Urzeitliches an sich, was leicht einen kleinen schattigen Gartenplatz in eine geheimnisvolle Ecke verwandelt. Gräser sind besonders im Winter schön, wenn sich die vertrockneten Halme mit Raureif, Schnee und Eis geschmückt haben.

Bei den Gräsern können wir zwischen Zwergen wie dem Bärenfellgras und Riesen wie dem Chinaschilf wählen. Für kleine Gärten kommen die Riesen nur dann in Frage, wenn Sie den Platz eines Strauches zur Verfügung gestellt bekommen. Ansonsten sollte man das Experiment lieber nicht eingehen, auch wenn man sich noch so sehr in die beeindruckenden Pflanzen verliebt hat.

Farne sind Gewächse des Schattens und Halbschattens. Die verschiedenen Grüntöne und bizarren Formen ihrer Wedel sind teilweise noch lange im Winter zu sehen. Im späten Frühling haben einige Farne ihren ganz großen Auftritt. Wenn man schon fast denkt, dass die Pflanze im Winter eingegangen ist, erscheinen winzig kleine, schneckenhausartige Farnrollen, die sich in wenigen Tagen zu beeindruckenden Wedeln entfalten. Die Pflegearbeiten bei den Gräsern beschränken sich auf das Abschneiden der vertrockneten Grashalme im Februar oder März, Wässern bei Trockenheit und düngen. Wenn bei den Farnen die neuen Blätter durchtreiben, kann man vorsichtig noch altes, vertrocknetes Laub entfernen.

Gräser

Deutscher Name ***Botanischer Name***	**Aussehen** **Höhe**	**Blütezeit**	**Blattfarbe**	**Boden**	**Nährstoffbedarf** **Wasserbedarf**	**Tipps**
Standort sonnig						
Gemeines Zittergras *Briza media*	aufrecht buschig horstbildend 40 bis 50 cm	Mai bis August	blaugrün	durchlässig	ausgeglichen niedrig bis mittel	pflegeleicht, für Einsteiger, für kleine Gärten, auffallende Blätter
Blau-Schwingel *Festuca cinerea*	kompakt kissenförmig, horstbildend 30 bis 40 cm	Juni bis Juli	blaugrau, wintergrün	durchlässig, sandig-kiesig	niedrig niedrig	pflegeleicht, für kleine Gärten
Bärenfell-Schwingel *Festuca gautieri*	kompakt kissenförmig, horstbildend 25 bis 30 cm	Juni bis August	dunkelgrün	durchlässig, sandig-kiesig	niedrig niedrig bis mittel	pflegeleicht, für kleine Gärten
Wimper-Perlgras *Melica ciliata*	buschig, horstbildend 30 bis 60 cm	Mai bis Juli	graugrün	durchlässig	niedrig bis mittel niedrig bis mittel	pflegeleicht, für Einsteiger, Selbstaussaat
Rutenhirse *Panicum virgatum*	aufrecht, horstbildend bis 200 cm	Juli bis September	mittelgrün	durchlässig, sandig-lehmig	hoch ausgeglichen	pflegeleicht, rotblättrige schöne Sorten
Lampenputzergras *Pennisetum alopecuroides*	dicht buschig, horstig 30 bis 120 cm	Juli bis September	mittel- bis dunkelgrün	durchlässig, sandig-lehmig	hoch ausgeglichen	pflegeleicht, für Einsteiger, auffallende Blüten
Standort sonnig bis halbschattig						
Morgenstern-Segge *Carex grayi*	aufrecht buschig, horstbildend 25 bis 30 cm	Juli bis August	grün	durchlässig	ausgeglichen mittel bis hoch	pflegeleicht, dekorativer Fruchtstand
Berg-Segge *Carex montana*	aufrecht bis überhängend, horstbildend 15 bis 25 cm	März bis Mai	mittelgrün	durchlässig	niedrig niedrig bis mittel	pflegeleicht, für Einsteiger, kompakt wachsend, für kleine Gärten

Deutscher Name *Botanischer Name*	Aussehen Höhe	Blütezeit	Blattfarbe	Boden	Nährstoffbedarf Wasserbedarf	Tipps
Standort sonnig bis halbschattig						
Palmwedel-Segge *Carex muskingumensis*	aufrecht, horstbildend 60 bis 80 cm	Juli bis August	leuchtend grün	humos, sandig-humos	mittel bis hoch mittel bis hoch	pflegeleicht, schöne Blätter
Rasen-Schmiele *Deschampsia cespitosa*	überhängend, horstbildend 90 bis 120 cm	Juni bis August	mittelgrün, wintergrün	durchlässig	ausgeglichen mittel bis hoch	pflegeleicht, für Einsteiger
Blaues Pfeifengras, Moor-Pfeifengras *Molinia caerulea*	buschig, horstbildend 60 bis 90 cm	August bis Oktober	mittelgrün	durchlässig	niedrig mittel bis hoch	pflegeleicht
Standort halbschattig bis schattig						
Wald-Marbel, Wald-Simse *Luzula sylvatica*	buschig bis überhängend, locker horstig 60 bis 80 cm	April bis Juni	glänzend dunkelgrün, wintergrün	durchlässig, sandig-lehmig	ausgeglichen ausgeglichen	pflegeleicht, für Einsteiger

Farne

Deutscher Name *Botanischer Name*	Aussehen Höhe	Blätter	Standort	Boden	Nährstoffbedarf Wasserbedarf	Tipps
Rippenfarn *Blechnum spicant*	flach wachsend 25 bis 40 cm	lanzettliche gefiederte Wedel (bis zu 50 cm lang), dunkelgrün, immergrün	halbschattig bis schattig	durchlässig, humos,	niedrig mittel bis hoch	pflegeleicht, Bodendecker, auffallende Blätter
Heimischer Goldschuppenfarn *Dryopteris affinis*	aufrecht buschig 50 bis 100 cm	lanzettliche, 2-fach gefiederte Wedel (bis zu 80 cm lang), dunkelgrün, wintergrün	halbschattig	durchlässig, humos, nährstoffreich	mittel bis hoch, mittel bis hoch	pflegeleicht, für Einsteiger, auch in Teichnähe, schöne Blätter
Königsfarn *Osmunda regalis*	breit aufrecht 80 bis 120 cm	dreieckige, 2-fach gefiederte Wedel (bis 1 m lang), gelblich- bis hellgrün	halbschattig bis schattig	durchlässig, humos	mittel bis hoch mittel bis hoch	pflegeleicht, für Einsteiger, dekorative Blätter
Heimischer Glanzschildfarn *Polystichum aculeatum*	aufrecht buschig bis überhängend 50 bis 80 cm	lanzettliche, 2-fach gefiederte Wedel (bis 60 cm lang), glänzend grün	halbschattig bis schattig	humos, sandig-humos	hoch mittel bis hoch	pflegeleicht, auffallende Blätter
Weicher Schildfarn *Polystichum setiferum*	aufrecht buschig bis 60 cm	lanzettlich, 2-fach gefiederte Wedel, gelb- bis mittelgrün	halbschattig bis schattig	humos, sandig-humos	hoch mittel bis hoch	pflegeleicht

Dekorative Morgenstern-Segge

Für Einsteiger: Lampenputzergras

Halbschattenfreund: Weicher Schildfarn

Pflanzen für Balkonkästen

Balkonpflanzen gehören zu den meist gekauften Pflanzen überhaupt. Viele sind an Blütenfülle fast nicht mehr zu überbieten und auch die Blühdauer ist ausgesprochen lang.

Tipp

Einige Pflanzen müssen am Ende der Saison nicht weggeworfen werden, sondern sind mehrjährig und können überwintern, wie zum Beispiel Geranien und Fuchsien. Das spart viel Geld.

Das Balkonpflanzen-Hobby ist aufwändig und am Anfang nicht gerade preiswert. Der Nährstoffbedarf der Pflanzen ist hoch, im Sommer muss man oft zweimal täglich gießen. Leider sind Schädlinge und Krankheiten an der Tagesordnung. Außerdem muss man ausputzen und je nach Saison die Bepflanzung wechseln. Ein arbeitsreiches Unterfangen also. Aber trotzdem erfreut sich die Balkongärtnerei einer großen und ständig wachsenden Fangemeinde – und das zurecht. Denn selbst der kleinste Balkon kann mit den Dauerblühern schnell in ein Pflanzenparadies verwandelt werden.

In der Tabelle finden Sie eine Auswahl der beliebtsten und besten Balkonpflanzen. Die Blütezeiten sind regional etwas unterschiedlich – mal einen Monat später, mal früher.

Deutscher Name ***Botanischer Name***	**Aussehen** **Höhe**	**Blüte**	**Nährstoffbedarf** **Wasserbedarf**	**Pflegemaßnahmen**	**Tipps**
Standort sonnig					
Leberbalsam *Ageratum houstonianum*	kompakt buschig, dicht verzweigt 15 bis 35 cm	Mai bis November in Hellblau bis Purpurrot, Rosarot, Weiß	mittel bis hoch mittel bis hoch	Verblühtes abschneiden, um den Blütenflor anzuregen	für Einsteiger, kompakt wachsend, auch für kleine Gärten, ungewöhnliche Blüten
Gazanie, Mittagsgold *Gazania*	flach wachsend bis kompakt buschig 20 bis 30 cm	Mai bis Oktober in Weiß, Gelb, Orange, Rosa, Rot	mittel bis hoch niedrig bis mittel	regelmäßig Verblühtes ausputzen	für Einsteiger, auch für kleine Gärten, dekorative Blüten
Wandelröschen *Lantana-Camara*-Hybriden	aufrecht buschig bis rundlich 30 bis 100 cm	Mai bis Oktober, Farbvariationen in Weiß, Gelb, Lachsrot, Purpur, Rot	hoch mittel bis hoch	hell bei etwa 5 bis 10 °C überwintern, windgeschützt, blauschwarze (giftige) Beeren gelegentlich entfernen	schöne Blüten, lange Blütezeit, als Hochstämmchen auch gut für Kübel
Hängepelargonie *Pelargonium peltatum* in Sorten	kräftig buschig, überhängend 30 bis 40 cm	Mai bis Oktober, je nach Sorte in Weiß, Rosa, Rot, Violett	hoch ausgeglichen	hell bei etwa 3 °C überwintern, dabei trockener halten, vorher um etwa ein Drittel zurückschneiden	lange Blütezeit
Stehende Pelargonie *Pelargonium zonale* in Sorten	aufrecht buschig 30 bis 50 cm	Mai bis Oktober, je nach Sorte in Weiß, Rosa, Rot, Purpur und Violett	hoch ausgeglichen	hell bei etwa 3 °C überwintern, vorher um etwa ein Drittel zurückschneiden	lange Blütezeit
Petunie *Petunia* x *atkinsiana*	niederliegend bis stark hängend 15 bis 25 cm	Mai bis September, Farbvariationen in Weiß, Gelb, Rosa, Rot und Violett	sehr hoch hoch	Regenschutz	für Einsteiger, schöne Trichter-Blüten
Husarenknopf *Sanvitalia procumbens*	niederliegend bis buschig, dicht verzweigt 10 bis 20 cm	Juni bis September in Gelb mit brauner oder grüner Mitte	mittel bis hoch ausgeglichen	Staunässe vermeiden	für Einsteiger, auch für kleine Gärten, empfehlenswert auch *Sanvitalia speciosa* (Aztekengold)
Silberblatt, Greiskraut, *Senecio cineraria*	aufrecht buschig 25 bis 60 cm	Juli bis August (des zweiten Jahres) in Mattgelb bis Dunkelgelb	mittel bis hoch ausgeglichen	Regenschutz	für Einsteiger, auffallende Blätter, nicht völlig winterhart, wird wegen der Blätter gepflanzt

Deutscher Name *Botanischer Name*	Aussehen Höhe	Blüte	Nährstoffbedarf Wasserbedarf	Pflegemaßnahmen	Tipps
Standort sonnig bis halbschattig					
Knollenbegonien *Begonia*-Sorten	aufrecht bis hängend (sortenabhängig) 30 bis 70 cm	Mai bis September, Farbvariationen in Weiß, Gelb, Orange, Rosa, Rot, Violett	mittel bis hoch ausgeglichen	Staunässe vermeiden, Knollen in trockenem Torf dunkel und kühl (etwa 5 °C) überwintern und im Februar/März antreiben	auffallende Blüten und Blätter
Pantoffelblume *Calceolaria integrifolia*	aufrecht bis überhängend 20 bis 100 cm	Mai bis September in leuchtendem Gelb und Orange	mittel bis hoch mittel bis hoch	Regenschutz, regelmäßig ausputzen	für Einsteiger, schöne „Pantoffel"-Blüten
Garten-Fuchsie *Fuchsia*-Sorten	aufrecht bis überhängend 30 bis 120 cm	Mai bis September in Rosa, Rot, Violett, Weiß	hoch ausgeglichen	hell bei etwa 3 °C überwintern	für Einsteiger, wunderschöne Blüten, lange Blütezeit, auch als Hochstämmchen im Kübel
Winterharte Fuchsie *Fuchsia magellanica*	aufrecht strauchförmig 60 bis 90 cm	Juli bis September in Weiß, Rosa, Rot	hoch ausgeglichen	Winterschutz empfohlen	wunderschöne Blüten
Gundermann *Glechoma hederacea*	kriechend teppichbildend 10 bis 15 cm	März bis April in Blauviolett	ausgeglichen mittel bis hoch	–	für Einsteiger, kompakt wachsend, wird wegen der Blätter gepflanzt
Vanilleblume *Heliotropium arborescens*	aufrecht bis kompakt buschig 30 bis 120 cm	Mai bis September in Violettblau bis Lavendelblau	mittel bis hoch ausgeglichen	hell bei etwa 10 °C überwintern, Regenschutz, regelmäßig Abgeblühtes ausputzen	duftend, auffallende Blüten, auch für Kübel
Edellieschen *Impatiens* *Neu-Guinea*-Gruppe	niedrig bis kompakt buschig 20 bis 40 cm	Mai bis September in vielen Farben je nach Sorte	mittel bis hoch ausgeglichen	Staunässe und Ballentrockenheit vermeiden, nach Regen Verblühtes entfernen	für Einsteiger, kompakt wachsend, auch für kleine Gärten
Garten-Stiefmütterchen *Viola* x *wittrockiana*	kompakt buschig, horstbildend 20 bis 25 cm	Februar bis Juni (manchmal schon vor Februar) in Weiß, Gelb, Orange, Rosa, Rot, Violett, Blau	mittel ausgeglichen	–	für Einsteiger, kompakt wachsend, auch für kleine Gärten, dekorative Blüten
Standort halbschattig bis schattig					
Freiland-Elatior-Begonien *Begonia*-Sorten	aufrecht buschig 20 bis 40 cm	Mai bis Oktober, Farbvariationen in Weiß, Gelb, Orange, Rosa, Rot, Violett	mittel bis hoch ausgeglichen	regelmäßig Verblühtes ausputzen, Schutz vor starker Sonne	kompakt wachsend, Dauerblüher
Fleißiges Lieschen *Impatiens walleriana*	je nach Sorte flach wachsend oder aufrecht buschig 30 bis 60 cm	Mai bis Oktober in Karminrot, Lavendelblau, Orange, Rosa, Rot oder Weiß	mittel bis hoch ausgeglichen	Staunässe und Ballentrockenheit vermeiden	für Einsteiger, auch für kleine Gärten

Dauerblüher Leberbalsam

Pantoffelblume – die Blüten gaben den Namen

Duftende Vanilleblume

Kübelpflanzen

Pflanzen im Kübel haben den großen Vorteil, dass man sie problemlos von einem Platz an den anderen stellen kann, falls sie nicht zu groß und schwer geworden sind. Schnell lassen sich schwierige Ecken verschönern und Blickpunkte sowie Abgrenzungen schaffen. Außerdem erfreuen Kübelpflanzen viele Monate durch wunderschöne Blüten und besonders die großen unter ihnen beeindrucken oft durch ihr Aussehen

Kübelpflanzen sind zeitaufwändig. Sie müssen immer wieder umgetopft werden, brauchen Nährstoffe und überstehen selbst kurze Trockenperioden nicht ohne Gießen. Außerdem müssen die meisten im Winter an einen frostgeschützten Platz geräumt werden.

Leider sind die Pflanzen auch schädlingsanfälliger als die im Beet wachsenden.

Da große Topfpflanzen teuer sind, sollte man kleinere Exemplare kaufen, denn meist wachsen die Pflanzen sehr gut und rasch.

In der folgenden Tabelle finden Sie eine Auswahl der schönsten und beliebtesten Pflanzen für Kübel und Töpfe für den Sommeraufenthalt im Freien.

Deutscher Name *Botanischer Name*	**Aussehen** **Höhe**	**Blüte**	**Nährstoffbedarf** **Wasserbedarf**	**Überwinterung**	**Tipps**
Standort sonnig					
Schönmalve *Abutilon x hybridum*	aufrecht buschig 1,5 bis 4 m	Mai bis September in Gelb, Orange, Rosa, Rot, Weiß	mittel bis hoch mittel	hell bis 10 °C	für Einsteiger, auffallende Blüten, geschützter Standort
Schmucklilie *Agapanthus*	aufrecht 0,4 bis 0,8 m	Juni bis August in Blassblau bis Dunkelblau	hoch ausgeglichen	hell bei 3 °C, *Agapanthus campanulatus* zieht vollkommen ein	pflegeleicht, für Einsteiger, dekorative Blüten
Strauchmargerite *Argyranthemum frutescens*	aufrecht buschig	Mai bis Oktober in Weiß, Rosa, Gelb	hoch mittel bis hoch	hell bei mindestens 3 °C	pflegeleicht, für Einsteiger, für kleine Gärten, lange Blütezeit
Bougainvillee *Bougainvillea glabra*	klimmend 1,5 bis 3 m	Juli bis September in Weiß bis Magentarot, Purpurviolett und Gelb	hoch ausgeglichen	hell und trocken bei 3 bis 10 °C	warm und geschützt stellen, Farbwirkung durch Hochblätter, die die kleinen cremefarbenen Blüten umgeben
Engelstrompete *Brugmansia suaveolens (Datura)*	aufrecht strauchförmig 1,5 bis 4 m	Juni bis September in Gelb, Rosa oder Weiß	hoch mittel bis hoch	hell bei 5 bis 7 °C	pflegeleicht, tolle Blüten, duften in der Dunkelheit
Gewürzrinde, Kassie *Cassia corymbosa*	breit strauchförmig bis ausladend 1,5 bis 4 m	Mai bis September in Goldgelb	mittel bis hoch ausgeglichen	hell bei 5 bis 10 °C	pflegeleicht, lange Blütezeit, auffallende Blüten, auch Kerzenstrauch *(Cassia didymobotrya)*
Zierbanane *Ensete ventricosum*	aufrecht, bananenähnlich bis 2 m	Juli bis August, nach 6 bis 8 Jahren	mittel bis hoch mittel bis hoch	hell bei 5 bis 7 °C	Liebhaberpflanze, Blattschmuckpflanze, windgeschützt
Echte Feige, Feigenbaum *Ficus carica*	breit strauchförmig bis ausladend 2 bis 3 m	fast ganzjährig in Abständen in Weiß	ausgeglichen mittel bis hoch	nach Laubabfall bei 0 bis 10 °C	Liebhaberpflanze, auffallende Früchte, dekorative Blätter
Oleander *Nerium oleander*	locker aufrecht bis ausladend 2 bis 6 m	Juni bis Oktober in Weiß, Gelb, Rosa, Rot	mittel bis hoch hoch	hell bei 5 bis 10 °C, gut gelüftet	pflegeleicht, lange Blütezeit, Regenschutz günstig
Echte Olive, Ölbaum *Olea europaea*	rundlich aufrecht 5 bis 10 m	Juli in Gelblichweiß	ausgeglichen mittel	hell bei etwa 10 °C	pflegeleicht
Granatapfel *Punica granatum*	aufrecht strauchförmig, dicht verzweigt 2 bis 7 m	Juli bis September in leuchtendem Rot	ausgeglichen niedrig bis mittel	hell oder dunkel bei 5 bis 10 °C	pflegeleicht, schöne Blüten, gleichmäßig feucht halten bis Anfang September

Deutscher Name *Botanischer Name*	Aussehen Höhe	Blüte	Nährstoffbedarf Wasserbedarf	Überwinterung	Tipps
Tibouchina, Veilchenstrauch *Tibouchina urvilleana*	aufrecht strauchförmig bis schwach ausladend 2 bis 5 m	Juli bis Oktober in Violett bis Purpurviolett	hoch ausgeglichen	hell bei etwa 10 °C	pflegeleicht, Liebhaberpflanze, hübsche Blüten
Palmlilie, Yucca *Yucca aloifolia*	aufrecht bis strauchförmig	August bis September in Weiß bis Purpur überlaufen	mittel bis hoch regelmäßig	hell bei 5 bis 7 °C	Liebhaberpflanze, Ballentrockenheit vermeiden
Standort sonnig bis halbschattig					
Hammerstrauch *Cestrum aurantiacum*	breit strauchförmig bis ausladend 2 bis 3 m	Mai bis Juni in Orange bis Purpurrot	mittel bis hoch ausgeglichen	hell bei 5 bis 7 °C	dekorative Blüten
Limette *Citrus aurantiifolia*	locker baumförmig, stachelig verzweigt 2 bis 8 m	ganzjährig in Weiß	mittel bis hoch mittel	hell bei 5 bis 7 °C	Liebhaberpflanze, auffallende Früchte
Zitrone *Citrus limon*	breit strauchförmig bis ausladend, stachelig und dicht verzweigt 2 bis 7 m	ganzjährig in Weiß	mittel bis hoch mittel	hell bei 5 bis 7 °C	auffallende Früchte
Orange *Citrus sinensis*	rundlich strauchförmig bis unregelmäßig baumförmig 2 bis 8 m	ganzjährig in Weiß	mittel bis hoch mittel	hell bei 5 bis 7 °C	pflegeleicht, auffallende Früchte
Echter Lorbeer *Laurus nobilis*	aufrecht buschig bis kegelförmig 1,5 bis 12 m	Mai bis Juni in Gelbgrün	mittel bis hoch niedrig bis mittel	hell bei mindestens 3 °C	pflegeleicht, duftend, auffallende Blätter, keine Ballentrockenheit, Düngen nur bis August
Hanfpalme *Trachycarpus fortunei*	aufrecht palmenförmig 5 bis 10 m	–	hoch mittel bis hoch	hell bei 5 bis 7 °C	pflegeleicht, Blattschmuckpflanze
Standort halbschattig bis schattig					
Orangenblume *Choisya ternata*	kompakt strauchförmig bis 2 m	Februar bis Juni in Weiß	mittel bis hoch ausgeglichen	bei mindestens 3 °C	pflegeleicht, duftend, Liebhaberpflanze, lange Blütezeit, Schutz vor direkter Mittagssonne, empfindlich gegenüber kalkreichem Wasser

Die dekorativen Blüten der Schmucklilie

Bougainvillee, Pflanze mit mediterranem Touch

Blüht lange, die Gewürzrinde

Kräuter

Diese Pflanzengruppe fasziniert die Menschheit schon seit Urzeiten – ob wegen ihre Heilkraft, Schönheit, ihres Duftes oder der Eigenschaft, den Speisen den letzten Pfiff zu geben – wahrscheinlich ist es alles zusammen.

Es gibt ein- und mehrjährige Kräuter. Allen gemeinsam ist, dass sie in der Regel unkompliziert sind, wenn man sie nicht gerade in den Schatten stellt, denn einen sonnigen Platz verlangen die meisten unter ihnen.

Die Wasser- und Nährstoffbedürfnisse sind bescheiden, wenn man einmal von einigen Ausnahmen absieht. Staunasse, schwere Böden sollten jedoch unbedingt vermieden werden.

Kräuter lassen sich leicht selbst ziehen, auch wenn man nur über einen Balkon verfügt. Pflanzen kann man manchmal sogar im Lebensmittelmarkt kaufen. Es gibt immer mehr interessante Formen, die einen Versuch lohnen. Beispiele sind die große Gruppe der Minzen, mit Orangen- und Apfelminze.

Kräuter kann man leicht selbst vermehren. Nehmen Sie sich bei Bekannten einfach einige Stecklinge mit oder fragen Sie nach einem Teilstück, je nach Pflanze. Und vermehren Sie auch immer einmal wieder ihre eigenen Kräuter. So können Sie relativ preiswert zu einer großen Anzahl der verschiedensten Pflanzen kommen.

Deutscher Name ***Botanischer Name***	**Aussehen** **Höhe**	**Blüte**	**Boden**	**Nährstoffbedarf** **Wasserbedarf**	**Vermehrung**	**Tipps**
Standort sonnig						
Heimische Schafgarbe *Achillea millefolium*	flach wachsend bis kriechend 30 bis 50 cm	Juni bis August in Weiß und Rosarot	durchlässig, sandig-lehmig	mittel bis hoch niedrig bis mittel	Aussaat, Teilung	pflegeleicht, für Einsteiger, kompakt wachsend, auch für Kästen und Kübel, duftend, für kleine Gärten
Schnittlauch *Allium schoenoprasum*	aufrecht, horstbildend 20 bis 30 cm	Juni bis Juli in Violett	durchlässig, sandig-lehmig	mittel bis hoch mittel bis hoch	Aussaat, Teilung	pflegeleicht, für Einsteiger, auch für Kästen und Kübel, duftend, für kleine Gärten, auffallende Blüten
Dill *Antheum graveolens*	aufrecht 60 bis 120 cm	Juli bis August in Gelb	durchlässig, sandig-humos	mittel mittel	Aussaat	für Einsteiger, einjährig
Kerbel *Anthriscus cerefolium*	aufrecht 40 bis 60	Juni bis August in Weiß	durchlässig	ausgeglichen niedrig bis mittel	Aussaat	pflegeleicht, duftend, einjährig
Estragon *Artemisia dracunculus*	aufrecht buschig 60 bis 120 cm	Juli bis August, weißlich	durchlässig	mittel bis hoch niedrig bis mittel	Aussaat, Stecklinge, Teilung	pflegeleicht, für Einsteiger
Fenchel *Foeniculum vulgare*	aufrecht 80 bis 200 cm	Juli bis August in Gelb	durchlässig, sandig-lehmig	ausgeglichen ausgeglichen	Aussaat, Teilung	pflegeleicht, für Einsteiger, duftend
Tüpfel-Johanniskraut *Hypericum perforatum*	aufrecht 30 bis 90 cm	Juni bis August, in leuchtendem Gelb	anpassungsfähig, durchlässig	niedrig bis mittel niedrig bis mittel	Aussaat, Stecklinge, Teilung	pflegeleicht, für Einsteiger, auffallende Blüten
Apotheker-Ysop *Hyssopus officinalis*	aufrecht buschig 30 bis 60 cm	Juli bis August in Blauviolett bis Violett	anpassungsfähig, durchlässig	ausgeglichen niedrig bis mittel	Aussaat, Stecklinge, Teilung	pflegeleicht, kompakt wachsend, duftend, für kleine Gärten
Schmalblättriger Lavendel *Lavandula angustifolia*	aufrecht buschig 40 bis 60 cm	Juli bis August in Violett	durchlässig	niedrig ausgeglichen	Aussaat, Stecklinge	pflegeleicht, für Einsteiger, auch für Kästen und Kübel, duftend, für kleine Gärten, vor Staunässe schützen
Zitronen-Melisse *Melissa officinalis*	aufrecht buschig 50 bis 80 cm	Juni bis August in Weiß	anpassungsfähig, durchlässig	ausgeglichen niedrig bis mittel	Aussaat, Stecklinge, Teilung	pflegeleicht, für Einsteiger, auch für Kästen und Kübel, duftend, kann wuchern
Pfefferminze *Mentha x piperita*	aufrecht 30 bis 50 cm	Juli bis September in rötlichem Violett	sandig-humos, sandig-lehmig	mittel bis hoch mittel bis hoch	Stecklinge, Teilung	pflegeleicht, für Einsteiger, auch für Kästen und Kübel, duftend, auch für Halbschatten
Grüne Minze, Spearmint *Mentha spicata*	aufrecht 30 bis 80 cm	Juli bis September in Hellviolett	sandig-humos, sandig-lehmig	mittel bis hoch mittel bis hoch	Stecklinge, Teilung	pflegeleicht, für Einsteiger, auch für Kästen und Kübel, duftend, starker Ausbreitungsdrang

Deutscher Name *Botanischer Name*	Aussehen Höhe	Blüte	Boden	Nährstoffbedarf Wasserbedarf	Vermehrung	Tipps
Apfelminze *Mentha suaveolens*	aufrecht bis breitbuschig 50 bis 80 cm	Juli bis September in Hellviolett	sandig-humos, sandig-lehmig	mittel bis hoch mittel bis hoch	Stecklinge, Teilung	pflegeleicht, für Einsteiger, auch für Kästen und Kübel, duftend
Basilikum *Ocimum basilicum*	aufrecht 30 bis 60 cm	Juni bis September in Rosapurpur bis Weiß	fruchtbar, durchlässig	mittel bis hoch ausgeglichen	Aussaat, Stecklinge	auch für Kästen und Kübel, duftend, einjährig
Majoran *Origanum majorana*	aufrecht buschig 30 bis 60 cm	Juli bis September in Weiß oder Rosa	durchlässig, sandig-(leicht) humos	ausgeglichen niedrig bis regemäßig	Aussaat	pflegeleicht, für Einsteiger, kälte-empfindlich, intensiv duftend
Gewöhnlicher Dost *Origanum vulgare*	buschig, horstbildend 30 bis 90 cm	Juli bis September in Hellviolett	durchlässig, sandig-lehmig	ausgeglichen niedrig bis mittel	Aussaat, Stecklinge, Teilung	pflegeleicht, für Einsteiger, auch für Kästen und Kübel, duftend, für kleine Gärten
Petersilie *Petroselinum crispum*	aufrecht 30 bis 40 cm	Juni bis August in weißlichem Gelbgrün	fruchtbar, durchlässig	ausgeglichen ausgeglichen	Aussaat	pflegeleicht, für Einsteiger, für kleine Gärten, auffallende Blätter
Salbei, Gartensalbei *Salvia officinalis*	aufrecht buschig 50 bis 70 cm	Juni bis August in Blauviolett bis Fliederblau	durchlässig, sandig-lehmig	ausgeglichen niedrig bis mittel	Aussaat, Stecklinge	pflegeleicht, für Einsteiger, auch für Kästen und Kübel, duftend, für kleine Gärten
Thymian, Gartenthymian *Thymus vulgaris*	kompakt buschig 20 bis 30 cm	Juli bis September in Hellrosa bis Purpurrosa	durchlässig, sandig-kiesig	niedrig niedrig	Aussaat, Stecklinge, Absenker	pflegeleicht, für Einsteiger, kompakt wachsend, auch für Kästen und Kübel, duftend
Standort halbschattig bis schattig						
Heimischer Waldmeister *Galium odoratum*	breit wachsend 15 bis 25 cm	Juni bis August in Weiß	durchlässig, humos	ausgeglichen, ausgeglichen	Aussaat, Teilung	pflegeleicht, für Einsteiger, kompakt wachsend, duftend

Pflegeleichter Schnittlauch

Bringt Farbe in den Kräutergarten: der Lavendel

Altbekannte Pfefferminze

Gemüse

Gemüse selbst zu ziehen ist nicht schwierig. Es ist außerdem preiswert, da sich die meisten Pflanzen aussäen lassen. Der Anbau vieler Gemüsearten ist zwar zeitintensiv, man wird aber durch gut schmeckendes und gesundes Gemüse belohnt.
Ein Gemüsebeet muss in der Sonne liegen, außerdem sollte der Boden fruchtbar sein und eine gute Struktur haben. Alter Gartenboden ist besonders gut geeignet. Wenn Sie gerade neu gebaut haben, ist es im ersten Jahr meistens nicht möglich, Gemüse erfolgreich anzubauen. Bringen Sie erst einmal eine Gründüngung (Pflanzen, die den Boden verbessern, zum Beispiel Lupinen) ein und versuchen Sie die Beete mit Komposterde fruchtbarer zu machen. Im zweiten Jahr kann man es dann schon mit Gemüse probieren und nach wenigen Jahren wachsen die Pflanzen schon zufriedenstellend.

Deutscher Name	Boden	Nährstoffbedarf Wasserbedarf	Anzucht Pflegearbeiten	Erntezeit	Tipps
Buschbohne	fruchtbar, humos	wenig bis mittel regelmäßig	Aussaat im Mai/Juni	Juli bis August	pflegeleicht, für Einsteiger, auffallende Blüten
Erbse	sandig-humos, sandig-lehmig	hoch regelmäßig	Aussaat im Mai	Sommer	pflegeleicht, für Einsteiger
Kopfsalat	fruchtbar, lehmig-humos	mittel bis hoch regelmäßig	Aussaat im Mai	Frühling bis Herbst	pflegeleicht, für Einsteiger
Kohlrabi	fruchtbar, sandig-lehmig	mittel bis hoch regelmäßig	Anzucht ab Februar, Pflanzung ab April	Mai (vorgezogen) bis Oktober	pflegeleicht, für Einsteiger
Pflücksalat, Schnittsalat	fruchtbar, lehmig-humos	mittel bis hoch mittel bis hoch	Aussaat ab April	Frühling bis Herbst	pflegeleicht
Radieschen	durchlässig, sandig-lehmig	ausgeglichen regelmäßig	im Winter im Gewächshaus, Aussaat ab März im Freien	4 bis 9 Wochen nach Aussaat	pflegeleicht, für Einsteiger
Rettich	durchlässig, sandig-lehmig	ausgeglichen regelmäßig	Aussaat ab April	2 bis 3 Monate nach Aussaat	–
Salatgurke, Freilandgurke	fruchtbar, lehmig-humos	hoch mittel bis hoch	Aussaat geschützt ab März/April, Auspflanzung im Mai	abhängig von Gewicht und Größe	pflegeleicht, benötigt Wärme
Spinat	fruchtbar, lehmig-humos	mittel bis hoch regelmäßig	Aussaat ab Februar/März in mehreren Sätzen	mehrmals über die Wachstumszeit	pflegeleicht
Stangenbohne	fruchtbar, humos	wenig bis mittel regelmäßig	Aussaat im Mai	Juli bis September	pflegeleicht, für Einsteiger, auffallende Blüten
Tomate	tiefgründig, fruchtbar	hoch ausgeglichen	Aussaat im März in Saatschalen, Pflanzung ab Mitte Mai; Seitentriebe regelmäßig ausbrechen und anbinden	Sommer bis Herbst	pflegeleicht, benötigt Wärme, für Einsteiger
Zucchini	fruchtbar, humos	hoch mittel bis hoch	Jungpflanzenanzucht ab März/April, Auspflanzung im Mai	im Sommer zur Fruchtreife	pflegeleicht, für Einsteiger, auffallende Früchte
Zwiebel	durchlässig, sandig-lehmig	ausgeglichen regelmäßig	Aussaat im Frühjahr, Pflanzung von Steckzwiebeln	August bis September	pflegeleicht, für Einsteiger, große Blüten

Baum- und Beerenobst

Es lohnt sich, im eigenen Garten Obst selbst anzupflanzen. Obstbäume kosten kein Vermögen, schenken uns aber über viele Jahre schmackhafte Früchte. Voraussetzung ist in den meisten Fällen allerdings ein sonniger Platz. Der Boden muss fruchtbar sein, ansonsten fällt die Ernte mager aus. Nicht alle Pflanzen sind selbstfruchtbar, sondern brauchen einen anderen Baum der gleichen Art, damit die Blüten bestäubt und Früchte wachsen können. Der Baum oder Strauch kann jedoch auch irgendwo in der Nachbarschaft stehen.

Bei allen Obstarten gibt es viele verschiedene Sorten mit unterschiedlichen Eigenschaften, Ansprüchen und Geschmacksrichtungen. Lassen Sie sich Zeit bei der Auswahl, das Obstgehölz wird schließlich viele Jahre in ihrem Garten stehen und soll dort problemlos wachsen.

Deutscher Name	Fruchtreife	Standort	Boden	Nährstoffbedarf Wasserbedarf	Tipps
Apfel	Juli bis Oktober	sonnig bis halbschattig	durchlässig	ausgeglichen ausgeglichen	pflegeleicht, für kleine Gärten sind die klein bleibenden Bäume geeignet, selbstunfruchtbar
Birne	August bis Oktober	sonnig	durchlässig	ausgeglichen ausgeglichen	pflegeleicht, selbstunfruchtbar
Erdbeere	Mai bis Juli	sonnig bis halbschattig	durchlässig	mittel bis hoch ausgeglichen	pflegeleicht, für Einsteiger, auch für Kästen und Kübel, für kleine Gärten, selbstfruchtbar
Himbeere	Juni bis Oktober	sonnig bis halbschattig	durchlässig, humos, sandig-lehmig	mittel bis hoch ausgeglichen	pflegeleicht, für Einsteiger, selbstfruchtbar
Pflaume, Zwetsche	Juli bis September	sonnig	durchlässig, humos, feucht	mittel bis hoch mittel bis hoch	pflegeleicht, viele Sorten, teilweise selbstfruchtbar
Rote und Weiße Johannisbeere	Juni bis August	sonnig bis halbschattig	humos, feucht	mittel bis hoch ausgeglichen	pflegeleicht, für Einsteiger, teilweise selbstfruchtbar
Sauerkirsche	Juni bis Juli	sonnig bis halbschattig	durchlässig	mittel bis hoch niedrig bis mittel	pflegeleicht, für Einsteiger, meist selbstfruchtbar
Schwarze Johannisbeere	Juli	sonnig bis halbschattig	humos, feucht	mittel bis hoch ausgeglichen	pflegeleicht, für Einsteiger, meist selbstfruchtbar
Stachelbeere	Juli bis August	sonnig bis halbschattig	durchlässig, humos, feucht	ausgeglichen ausgeglichen	pflegeleicht, selbstfruchtbar
Süßkirsche	Juni bis Juli	sonnig	durchlässig	mittel bis hoch ausgeglichen	pflegeleicht, für Einsteiger, meist selbstunfruchtbar

Pflegeleichter Spinat

Kinderliebling Erdbeere

Einsteigergemüse Kohlrabi

Adressen

Vereine und Verbände

Bundesverband Deutscher Gartenfreunde
Platanenallee 37
14050 Berlin
www.kleingarten-bund.de

Landesverband niedersächsischer Gartenbauvereine
Bückeburger Str. 11
31655 Stadthagen

Landesverband Hessen für Obstbau, Garten und Landschaftspflege
Finkenweg 19
35606 Solms

Landesverband der Gartenbauvereine Westfalen-Lippe
Postfach 1444
48565 Steinfurt

Verband rheinischer Gartenbauvereine
Gartenstr. 11
50765 Köln

Bundesverband Deutscher Gartenfreunde
Steinerstr. 52
53225 Bonn

Landesverband der Gartenbauvereine Saar/Pfalz
Kaiserstr. 77
66133 Saarbrücken-Scheidt

Baden-Württembergischer Landesverband für Obstbau, Garten und Landschaft
Klopstockstr. 6
70193 Stuttgart

Deutsche Gartenbau-Gesellschaft
Webersteig 3
78462 Konstanz
www.dgg1822.de

Bayer. Landesverband für Gartenbau und Landespflege
Herzog-Heinrich-Str. 21
80336 München

Pflanzenliebhaber-Gesellschaften

Deutsche Citrus-Gesellschaft
c/o Peter Klock
Stutsmoor 42
22607 Hamburg

Deutsche Rhododendron-Gesellschaft
c/o Julia Westhoff
Marcusallee 60
28359 Bremen
www.bremen.de/info/stadtgruen/RhodoInfo.htm

Deutsche Dahlien-, Fuchsien- und Gladiolen-Gesellschaft
c/o Bettina Verbeek
Maasstr. 153
47608 Geldern-Walbeck
www.ddfgg.de

Europäische Buchsbaum- und Formschnitt-Gesellschaft
c/o Raphael Witte
Oberstr. 36
52349 Düren

Gesellschaft der Staudenfreunde Geschäftsstelle
Eichenstr. 5
67259 Beindersheim
www.gds-staudenfreunde.de

Internationale Clematis-Gesellschaft
c/o Walter Hirsch
Hagenwiesenstr. 3
73066 Uhingen
www.dialspace.dial.pipex.com/clematis

Verein Deutscher Rosenfreunde
c/o Hanni Bartetzko
Waldseestr. 14
76530 Baden-Baden
www.rosenfreunde.de

Deutsche Dendrologische Gesellschaft
c/o Hubertus Nimsch
Schauinslandstr. 125
79100 Freiburg

Informationsstellen und Fortbildungsstätten

Gartenakademie - Fachschule für Gartenbau
Soebrigener Str. 3 a
01326 Dresden-Pillnitz

Lennée Akademie für Gartenbau und Gartenkultur
Ministerium für Ernährung, Landwirtschaft und Forsten
Heinrich-Mann-Allee 103
14473 Potsdam

Schulungszentrum für naturgemäßen Land- und Gartenbau
Poppenbüttler Hauptstr. 46
22399 Hamburg

Hessische Gartenakademie - Lehr- und Versuchsanstalt für Gartenbau
Oberzwehrener Str. 103
34132 Kassel
Tel. 0561/40 909-0

Bildungsstätte des deutschen Gartenbaues
Gießener Str. 47
35305 Grünberg

Beratungszentrum Garten und Pflanze, Lehr- und Versuchsanstalt
Gartenstr. 11
50765 Köln-Auweiler
Tel. 0221/534 020-0

Hessische Gartenakademie, LVG Wiesbaden
Am Kloster Klarenthal 7 a
65195 Wiesbaden
Tel. 0611/946 81-0

Saarländische Gartenakademie, Landwirtschaftskammer
Lessingstr. 12
66121 Saarbrücken
Tel. 0681/665 05-0

Internationale Clematis-Gesellschaft
c/o Walter Hörsch
Hagenwiesenstr. 3
73066 Uhingen
www.dialspace.dial.pipex.com/clematis

Informationsstelle der Versuchsanstalt für Gartenbau an der FH Weihenstephan
Am Staudengarten 9
85354 Freising
Tel. 081 61/714-541

Bayer. Gartenakademie - Bayer. Landesanstalt für Weinbau und Gartenbau
An der Steige 15
97209 Veitshöchheim
Tel. 018 04/980 114

Amtliche Pflanzenschutzberatung

Sächsische Landesanstalt für Landwirtschaft
Fachbereich Integrierter Pflanzenschutz, Referat 63
Alttrachau 7
01139 Dresden
Tel. 0351/853 040

Pflanzenschutzamt Berlin
Mohriner Allee 137
12347 Berlin
Tel. 030/700 006-0

Landesamt für Ernährung, Landwirtschaft und Flurneuordnung
Dezernat Pflanzenschutz
Ringstr. 1010
15236 Frankfurt (O)/Markendorf
Tel. 0335/52 17-622

Landespflanzenschutzamt
Graf-Lippe-Str. 1
18059 Rostock
Tel. 0381/491 23-31 und -33

Institut für Angewandte Botanik
Abt. Pflanzenschutz
Marseiller Str. 7
20355 Hamburg
Tel. 040/428 38-0

Pflanzenschutzamt
Westring 383
24118 Kiel
Tel. 0431/880-13 02

Senator für Umweltschutz und Stadtentwicklung
Pflanzenschutzdienst
Große Weidestr. 4–16
(Postanschrift: Hanseatenhof 5)
28195 Bremen
Tel. 0421/361-257 5

Lehr- und Versuchsanstalt für Gartenbau
Heisterbergallee 12
30453 Hannover
Tel. 0511/40 05-152
e-mail: lvg.ahlem@lawikhan.de

Landespflanzenschutzamt
Lerchenwuhne 125
39128 Magdeburg
Tel. 0391/25 69-450 bis 453

Pflanzenschutzamt der Landwirtschaftskammer Rheinland
Siebengebirgstr. 200
53229 Bonn
Tel. 0228/43 42-150 und -152

Landesanstalt für Pflanzenschutz und Pflanzenbau
Essenheimer Str. 144
55128 Mainz-Bretzenheim
Gartentelefon (montags 8.00 bis 16.30 Uhr) 061 31/99 30-84
www.pflanzenschutzdienst.de

Hessische Gartenakademie
Am Kloster Klarenthal 7 a
65197 Wiesbaden
Tel. 0611/946 811 7

Pflanzenschutzamt Saarbrücken
Lessingstr. 12
66121 Saarbrücken
Tel. 0681/665 05-38

Landesanstalt für Pflanzenschutz
Reinsburgstr. 107
70197 Stuttgart
Tel. 0711/664 244 0
e-mail: poststelle@lfp.bwl.de

Bayrische Gartenakademie
An der Steige 15 / Postfach 1140
97205 Veitshöchheim
Gartentelefon: 0800/980 114 7
e-mail: poststelle@lwg.bayern.de

Thüringer Landesanstalt für Landwirtschaft
Sachgebiet Pflanzenschutz
Mittelhäuser Straße
99189 Erfurt-Kühnhausen
Tel. 036 201/817-0

Staatliche Bodenuntersuchungsanstalten

LUFA des Landes Sachsen-Anhalt
Schiepziger Str. 29
06120 Halle/Lettin

LUFA Thüringen
Naumburger Str. 98
07743 Jena

LUFA Rostock
Graf-Lippe-Str. 1
18059 Rostock

Institut für Angewandte Botanik
Abt. KVT
Marseiller Str. 7
20355 Hamburg

Hessische Landwirtschaftliche Versuchsanstalt
Landwirtschaftliches Untersuchungsamt
Am Versuchsfeld 13
34128 Kassel/Harleshausen

LUFA Westfalen-Lippe
Nevinghoff 40
48147 Münster

LUFA Bonn/Landwirtschaftskammer
Siebengebirgsstr. 200
53229 Bonn

LUFA Speyer
Bezirksverband Pfalz
Obere Langgasse 40
67346 Speyer

Landesanstalt für landwirtschaftliche Chemie
– Bodenabteilung –
Emil-Wolff-Str. 14
70599 Stuttgart

Bayerische Hauptversuchsanstalt
Abt. Bodenuntersuchung
Alte Akademie 10
85350 Freising-Weihenstephan

Höhere Bundeslehr- und Versuchsanstalt für Gartenbau
Grünbergstr. 24
A-1131 Wien/Schönbrunn

Labor Roth A.G.
Rieterstr. 102
CH-8002 Zürich

Private Bodenuntersuchungsstellen

Bodenuntersuchungs-Institut Koldingen
Ehlbeek 2
30938 Burgwedel

Blieskasteler Umweltlabor
Mühlgasse 25
66440 Blieskastel

Institut Dr. Jäger
Ernst-Simon-Str. 2–4
72072 Tübingen

Labor für Umweltanalytik Dr. Rietzler
Schnorrstr. 5 a
90471 Nürnberg

Nützlinge

Flora Nützlinge
Wulkower Weg (Gärtnerei)
15518 Hangelsberg
www.landwirtschaft.freepage.de

ÖRE Bio-Protect GmbH
Kieler Str. 41
24223 Raisdorf
www.nuetzlinge.com

W. Neudorff GmbH KG
Abt. Nutzorganismen
Postfach 12 09
31857 Emmerthal
www.neudorff.de

STB-Control
Schaltenbach 1
65326 Aarbergen

Sautter & Stepper GmbH
Rosenstr. 19
72119 Ammerbuch
www.nuetzlinge.de

Samen

Thysanotus Samenversand
Uwe Siebers
Schulweg 21
28876 Oyten
www. thysanotus-samenversand.de

Thompson & Morgan
Postfach 10 69
36243 Niederaula
www.thompson-morgan.de

LUFA = Landwirtschaftliche Untersuchungs- und Forschungsanstalt

N.L. Chrestensen
Postfach 1000
99079 Erfurt
www.gartenversandhaus.de

Balkonpflanzen

Gärtner Pötschke
Beuthener Straße 4
41561 Kaarst
Tel. 0 21 31/793 333
Fax 0 21 31/793 444
www.gaertner-poetschke.de

Ahrens & Sieberz
53718 Siegburg-Seligenthal
Tel. 0 22 42/88 91 11
Fax 0 22 42/88 91 88
www.ahrens-sieberz.de

Baldur-Garten
Elbinger Straße 12
64625 Bensheim
Tel. 0 62 51/10 35 10
Fax 0 62 51/10 35 99
www.baldur-garten.de

Dieter Stegmeier
Unteres Dorf 7
73457 Essingen
Tel. 0 73 65/91 91 17
Fax 0 73 65/68 72

Kräuter

Rühlemanns Kräuter und Duftpflanzen
Auf dem Berg 2
27367 Horstedt
Tel. 0 42 88/92 85-58
Fax 0 42 88/92 85 59
www.ruehlemanns.de

Kräuterey Lützel
Im Stillen Winkel 5
57271 Hilchenbach
Tel. 0 27 33/38 46
Fax 0 27 33/1 26 79

Syringa Duft- und Würzkräuter
Bachstraße 7
78247 Hilzingen-Binningen
Tel. 0 77 39/14 52
Fax 0 77 39/6 77
www.syringa-samen.de

Blumenschule Engler & Friesch
Augsburger Straße 62
86956 Schongau
Tel. 0 88 61/73 73
Fax 0 88 61/12 72
info@Blumenschule.de

Gärtnerei Treml
Eckerstraße 32
93471 Arnbruck
Tel. 0 99 45/90 51 00
Fax 0 99 45/90 51 01
www.pflanzentreml.de

Kübelpflanzen

Ibero Import
Bahnhofstraße 12
37249 Neu-Eichenberg
Tel. 0 55 42/18 45
Fax 0 55 42/67 13
www.ibero-import.net

Versandgärtnerei Koitzsch
Arheilger Straße 16
64390 Erzhausen
Tel. 0 61 50/61 47
Fax 0 61 50/8 23 29

Rudolf und Klara Baum, Gärtnerei
(u.a. große Fuchsiensammlung)
Scheffelrain 1
71229 Leonberg
Tel. 0 71 52/2 75 58 od. 2 45 57
Fax 0 71 52/2 89 65

Flora Mediterranea
Königsgütler 5
84072 Au/Hallertau
Tel. 0 87 52/12 38
Fax 0 87 52/99 30
www.floramediterranea.de

Flora Toskana
Böfinger Weg 10
89075 Ulm/Donau
Tel. 07 31/926 70 95
Fax 07 31/926 71 08
www.flora-toskana.de

Stauden

Staudengärtnerei Mann
(auch Kräuter)
Schönbacherstr. 25
02708 Lawalde
www.staudenmann.de
Tel. 03585/403738

Staudengärtnerei Ernst Pagels
Deichstraße 4
26789 Leer
Tel. 04 91/32 18
Fax 04 91/6 25 16

Staudengärtner Klose
Rosenstraße 10
34253 Lohfelden/Kassel
Tel. 05 61/51 55 55
Fax 05 61/51 51 20

Staudengärtnerei Arends Maubach
Monschaustraße 76
42369 Wuppertal-Ronsdorf
Tel. 02 02/46 46 10
Fax 02 02/46 49 57

Staudengärtnerei Gräfin von Zeppelin
79295 Sulzburg-Laufen
Tel. 0 76 34/6 97 16
Fax 0 76 34/65 99
www.graefin-v-zeppelin.com

Staudengärtnerei Gaissmayer
Jungviehweide 3
89257 Illertissen
Tel. 0 73 03/72 58
Fax 0 73 03/4 21 81
www.staudengaissmayer.de

Zwiebelblumen

Albert Treppens
Berliner Straße 84-88
14169 Berlin-Zehlendorf
Tel. 030/8 11 33 36
Fax 030/43 04
www.treppens.de

Reinhold Krämer
Postfach 15 11
73505 Schwäbisch Gmünd
Tel. 0 71 71/92 87 12
Fax 0 71 71/92 87 14

KOSMOS Bücher-Tipps

van Dieken, Dieke: Blühender Garten, 2003

Fisher, Sue: Farbparadiese im Garten, 2003

Flehmig, Anja: Pflanzen vermehren Schritt für Schritt, 2002.

Fortmann, Manfred: Das große Kosmosbuch der Nützlinge, 2. Aufl. 2000.

Jauch, Martin: Kompostieren, so geht's, 1996

Kötter, Engelbert: Gärten für Einsteiger Schritt für Schritt, 2002

Kötter, Engelbert: Topf- und Kübelpflanzen, 2003

Leufen-Bohlsen, Beate: Gärten pflegeleicht und schön, 2002

Mann, Dirk: Kräutergarten, 2002

Pfeifer, Ulrike: Obst- und Gemüsegarten, 2003

Smith, Joanna: Viel Garten in wenig Zeit, 2002

Sulzberger, Robert: Gartenlust von Anfang an, 2002

Wolff, Jürgen (Hrsg.): Mein schöner Biogarten, 1999

Wolff, Jürgen (Hrsg.): Mit mein schöner Garten durchs Jahr, 2000

Wolff, Jürgen (Hrsg.): Mit mein schöner Garten gestalten, 2002.

Thema	Internetadresse	Inhalt
Baum-/ Strauchschnitt	www.lwg.bayern.de/lwg/presse/1999/Prmi9904.html	Bayerische Landesanstalt für Wein- und Gartenbau informiert hier über Baum- und Strauchschnitt.
Baumschnitt	www.planten.de/gartenbau/obstbau/obstbaumschnitt/	Informatives in verständlicher Form zum Thema Obstbaumschnitt
Beerensträucher	www.beerendoktor.de	Informationen über Krankheiten, die Ihre Beerensträucher befallen könnten
Bewässerung	www.wurzelwasser.de	Für Interessierte zum Thema Tropfbewässerung
Blumenzwiebeln	www.blumenzwiebeln.de	Interessante und ausführliche Informationen über Blumenzwiebeln
Garten allgemein	www.mein-schoener-garten.de	Homepage des größten europäischen Gartenmagazins mit Gartenforum: Hier finden Sie u. a. Terminhinweise auf weitere kurzfristige und regionale Veranstaltungen.
	www.gartenlinksammlung.de	Thematisch sortierte, internationale Links
	www.gartenlinks.de	u. a. Adressen von Baumärkten, Baumschulen, Gärtnereien und andere
	www.gartenprobleme.de	u. a. Thema Schädlingsbefall
	groups.google.de ("Garten" in die Suchmaschine eingeben)	Gartenforum
	www.gartenpraxis.de	Praktische Gartentipps
	www.flower-pr.de	Tipps vom Fernsehgärtner John Langley, mit Forum und weiteren Links
	www.gartentechnik.de	Spezialverzeichnis rund um Garten, Pflanzen, Wirtschaft
	www.haus-garten-hobby.de	Pflanzkeramik, Neuheiten z. B. für den Gartenteich
Gartengeräte	www.gartenbedarfversand.de	Versanhandel: Hier können auch besondere Wünsche an Gartengeräten erfüllt werden, z. B. Geräte speziell für Linkshänder oder geschmiedete Werkzeuge.
Gartengeräte/ Bewässerung	www.wdr.de/tv/service/sommer/98/0731_4.html	Hier wird das Thema Gartenschlauch interessant behandelt.
Gartengestaltung	www.gnet.de	Ansprechpartner für die Planung des Gartens, Adressenverzeichnis für den Gärtner
Gehölze	www.garteninfos.de	Infos über Gehölze für den Kübel
Kakteen/ Sukkulenten	www.naturportal.de/Pflanzen_Kakteen_und_Sukkulenten.shtml	Umfangreiche Seite zum Thema Kakteen und Sukkulenten
Kompost	www.kleingarten.bayern.de/fachteil/Kompost.htm	Interessante Informationen zum Thema Kompost
Kräuter	www.heilkraeuter.de	Lexikon der verschiedenen Heilkräuter, ihre Anwendungsgebiete und Rezepte
	www.kueche-genuss.de	Alphabetische Informationen zum Thema Kräuter und Rezepte
	www.g-netz.de/Health_Center/heilpflanzen/index.shtml	Infos zum Thema Kräuter und ihren gesundheitlichen Nutzen
	www.biogemuese.de	u. a. Saat-Shop, Adressen von Bioverbänden
Pflanzen	jesdinsky.com	Pflanzendatenbank mit Pflanzenporträts und Bildern
	www.net-garden.de	Infos über Pflanzen mit Datenbank mit Händlernachweis, Gartenforum
	www.pflanzmich.de	Hier werden vor allem Pflanzen aus der Baumschule angeboten.
	www.stauden.de	Informationen über Stauden
Rasen	www.rasen.de	Rund um das Thema Rasen. Anlage, Pflege, unterschiedliche Ansprüche an den Rasen und u.a. mögliche Krankheiten des Rasens.
Rosen	www.members.aol.com/vdrbremen	Verein deutscher Rosenfreunde e.V., Freundeskreis Bremen. Informationen rund um die Rose (Pflege, Ansprüche, Krankheiten und Behandlung mit biologischen Mitteln)
	www.welt-der-rosen.de	Viel Wissenswertes zum Thema Rosen, z. B. große Sortenbeschreibung, Rezepte, Brauchtum, Interessantes und Kurioses sowie Buchempfehlungen
Steingarten/ Alpinum	www.alpine-peters.de	Alpine Raritäten, Pflanzen für Alpinium und Steingärten, Pflanzenporträts
Tiere im Garten	www.naturagart.de	Gärtnerei mit großen Sortiment, naturnahes Konzept
	www.schmetterling-raupe.de	Beschreibung von zahlreichen bebilderten Schmetterlingsarten
	www.hobbygarten.de/garten/nuetzlin.htm	Einsatz von Nützlingen im Garten, biologischer Pflanzenschutz
	www.agro.bayer.at/feldbau/raps_schnecken.shtml	Thema Schneckenbekämpfung
	www.gaertnerei.at/pflanzendoktor	Infos rund ums Grün, u. a. Hilfe bei Schädlingsbefall
Vereine	www.gartenbauvereine.de	Informationen über Gartenbauverine und -verbände
Vermehrung	www.pflanzen.onlinehome.de/pflege/vvermehr.htm	Vermehrung von Pflanzen
	www.muselmann.de/aufzucht.htm	Vermehrung von Pflanzen

Register

Die **fetten** Seitenzahlen verweisen auf Abbildungen.

So macht Gärtnern wirklich Spaß!

Tolle Aboangebote von Gartenspaß mit bis zu 35% Preisvorteil erhalten Sie unter Tel.: 01805/517216 oder Fax: 01805/517218
(622718) dtms - 12 Cent/Min.

Alle wichtigen Gartenarbeiten auf einen Blick

Schritt für Schritt verständlich erklärt

Viele clevere Garten-Tipps

KOSMOS

Erlebnis Garten

Gartenparadiese leicht gemacht

Nur eine Stunde pro Woche im Garten arbeiten und trotzdem ein grünes Paradies haben? Wollen Sie Ihren Garten mehr genießen als darin zu arbeiten? In diesem Buch finden Sie alles, um diese Wünsche zu verwirklichen. Von der Planung über die Anlage und Pflege bis hin zum Genießen reichen die Ratschläge für Traumgärten, die wenig Mühe machen. Hinzu kommen Porträts von schönen, pflegeleichten Pflanzen für die verschiedenen Gartentypen – von Landhausstil bis Japangarten.

- Mit 100 pflegeleichten Pflanzen für alle Gartentypen
- Wenig Arbeit und viel Gartengenuss

Joanna Smith
Viel Garten in wenig Zeit

160 Seiten
180 Abbildungen
gebunden
ISBN 3-440-09332-8

€ 19,90

€/A 20,50
sFr 33,60

Preisänderung vorbehalten

www.kosmos.de